王沛沛 著

富裕之路：
水库移民创业支持及其行动

基于温州地区的个案研究

The Road to Prosperity:
The Reservoir Resettles'
Entrepreneurial Support and Action
A Case Study on Wenzhou Area

社会科学文献出版社
SOCIAL SCIENCES ACADEMIC PRESS (CHINA)

本书得到江南大学法学院、中央高校基本科研业务费专项资金（项目批准号：JUSRP11480）及中央高校基本科研业务费专项资金（项目批准号：JUSRP1503XNC）资助

前　言

　　学界关于农民群体的创业研究已十分丰富，诸如对农民工在城创业、农民工返乡创业等，但是对水库移民这一特殊群体创业的研究还不多见。水库移民因国家兴建水利工程的需要而被迫迁移他地，存在一定的物质和精神上的损失，他们在安置区的创业具有重大意义。

　　对绝大多数搬迁前以农为生的水库移民来说，他们在安置区的创业并非简单的"心想事成"，尤其是在市场经济中缺乏竞争优势的条件下，创业是一项极具挑战性的系统工程。本书以水库移民为研究对象，探讨外部支持与水库移民创业之间的互动、互构，着重分析了水库移民从外部支持中获取创业资源的行动及所采取的创业方式。

　　本书对水库移民的创业进行了专门研究，主要的创新之处在于以下三个方面：①构建出新的分析路径，旨在探讨外部支持与水库移民创业之间的关系。在新的分析路径中，既关注宏观的结构性影响因素，也关注微观层面水库移民获取创业支持的行动。这种宏观、微观相结合的视角使笔者更能清晰地描述水库移民的创业过程，分析他们在具体环境中的行动策略，为解读水库移民的创业提供了更加全面、系统的分析框架。②突出水库移民获得创业支持的行动策略，除强调创业者外，还将政府、安置区居民、其他移民均视为能动主体。在创业过程中面对诸多外部支持时，个体所采取的行动策略会对其创业产生各种影响。因此，梳理移民创业者在不同情境中建构的不同行动策略，拓展了关于创业过程中对获取创业资源的研究。③从鲜活的田野调查材料中寻找水库移民创业的典型方式，即专业合作经济方式、村级集体经济方式、个体私营经济方式。在描述其创业过程的基础上，总结各自的特征，丰富了水库移民创业研究。

目　录

第一章 绪论

"共同富裕"是 1978 年以来中国人民所追求的目标之一，30多年来数以亿计的普通百姓在通往富裕道路上辛勤实践着，而他们个人的奋斗史或致富故事也体现了时代发展的脉络。"富民"成为时代发展的主旋律，著名社会学家费孝通将自己一生的学术兴趣总结为"志在富民"。不同群体的致富之路有着不同的发展轨迹，本书关注市内异地安置的水库移民在搬迁安置后的经济情况，探讨外部支持与移民创业之间的关系，尤其是移民获取创业资源的行动策略及其创业方式，展现水库移民在安置异地重生的生活新貌。

一 问题的提出

安土重迁是中国人的传统观念。永别祖居之地、踏上陌生之土，对以农耕为生的人们来说是极大的挑战。水库移民群体从搬得出、安得下，到稳得住、能逐步致富，需要经历对安置区的水土适应和赢得社会认同的过程，需要生产关系的重组和社会关系的重构。在此期间，移民与安置区居民之间的矛盾纠纷、不适应新的生产和经济活动、偏离社会主流被边缘化、生活水平下降等一系列问题凸显，出现很多阻碍工程建设、游行、上访等恶性事件，极易引发严重的经济、社会和政治问题。

显然，移民的经济发展问题成为移民在安置区稳定生活的关键。在安置区，经过若干年的发展，特别是在后期扶持政策的实施和社会化的帮扶之后，移民的贫困问题已不是特别突出。焦点与难点在于如何拓宽移民群体的收入渠道，有效增加移民收入，使其生活水平恢复到甚至超过移民前，逐步缩小与当地人之间的发展差距，不致成为安置区中掉队的"孤雁"。

对普通的中国农民来说，创业往往有四个方面的重要作用和意义：第一，农民创业可以促进当地就业，实现剩余劳动力的就业转移，拓宽收入渠道；第二，通过创业，可以将一些优势资源引向农村地区，客观上有助于缩小城乡差距，加快城乡统筹进程；第三，有助于加快农业生产方式的转型与升级，有利于实现农业现代化；第四，可以吸引众多较高素质的人才扎根农村，为建设社会主义新农村增添动力（韩俊、崔传义、金三林，2009）。在温州进行田野调查的过程中，笔者发现水库移民创业使其财富增加，避免生活陷入困顿，同时也有机会享受安置区的卫生医疗、教育等资源。而创业者除了经济地位得到提高外，在安置区也得到了更多的关注与尊重，取得了一定的社会地位。另外，移民在农业、手工业、加工业相关领域的创业活动能为移民村落带来技术、资金和市场信息等方面的资源，促进了移民群体的就业、创业活动。当创业者有能力为其他移民提供工作岗位时，同乡移民往往成为首选，这种在新、旧地缘关系基础上建立起来的信任关系往往与亲缘关系同等重要。而关系纽带反过来又强化了"共富"的群体意识，改变了以往"等、靠、要"的观念。移民群体将注意力转向生产发展，移民融入安置区的进程向纵深发展，在一定程度上可以避免上访、闹访，有利于构建和谐、稳定的社会局面。

在田野调查中笔者发现，水库移民的创业行动虽然有着浓厚的个人奋斗色彩，但是也离不开外部支持。那么，究竟哪些外部因素给他们的创业提供了支持以及提供了怎样的支持？移民创业者如何采取行动来得到这些支持？移民采取怎样的方式创业？以上构成了本书的研究问题。

二 研究意义

《国务院关于完善大中型水库移民后期扶持政策的意见》指出，"加强库区和移民安置区基础设施和生态环境建设，改善移民生产生活条件，促进经济发展，增加移民收入，使移民生活水平不断提高，逐步达到当地农村平均水平"。激发移民自身发展的动力和能力是扶持的关键。从宏观上看，水库移民创业可以提升其可持续发展能力，推动"三农"问题的解决，加快乡村工业化和城镇化的进程；从微观上看，水库移民创业对改善其家庭的经济状况、提高移民群体的生活水平有直接影响。因此，在社会转型期，研究他们的创业具有较大的理论意义和实践意义。

本书的理论意义在于：第一，从创业角度来研究水库移民群体，梳理水库移民创业得到的外部支持，加深对水库移民群体甚至是底层社会的理解，拓展水库移民研究的视野。第二，在对外部支持移民创业进行分析的基础上，本书认为，移民在创业过程中理性地使用"移民身份"继而形成获取创业资源的行动策略对创业具有积极意义。因而针对边缘弱势群体的创业行动提炼出具有一定概括性的概念，可丰富关于创业行动的学术研究。

本书的实践意义在于水库移民创业解决了自身的就业问题，也为其他移民提供了就业机会，有利于移民群体的"共富"发展。对移民创业成功的案例进行研究，可以找到移民创业的方式，为其他移民提供新的发展理念，同时在经验层面提供实践指导，鼓励他们进行创业，帮助他们寻找致富的门路。另外，从水库移民创业的实践中总结经验，可以及时了解和掌握移民在安置区的生产发展情况，尤其是在创业上的政策需求或其他需求，为水库移民后期扶持工作的深入开展提供科学依据，真正做到"搬得出，稳得住，富得起"。

三　文献回顾

在当今中国乃至世界范围内，创业越来越成为经济发展的强劲推动力。对创业现象和活动的研究已经成为学界热点。不过，如今的"创业"却是一个非常宽泛的词，对创业的研究也存在于许多领域，特别是经济学、管理学、金融学、心理学等领域。这也催生了众多有关创业的理论流派。不同的理论流派对创业的关注点不同，有助于我们对创业有全面、深入的认识。依据研究主题，本书主要关注三个方面的文献：①创业相关研究；②创业行动的社会学研究；③水库移民创业的相关研究。在此基础上，对以上文献进行简短评论。

（一）创业相关研究

以下将对众说纷纭的创业的定义进行梳理，同时回顾国内外学者对不同群体的创业研究。

1. 创业的定义

创业或创业者最早起源于法文 Entreprendre，出现在 1437 年的一本法语字典中，是"承担"的意思。18 世纪，法国经济学者理查德·坎蒂隆（Richard Cantillon）创造出 Entrepreneur（企业家、创业者）这个新词，出现在他的著作"Essay on the Nature of Commerce in General"中。坎蒂隆认为创业需要承担以一定价格买入但以不确定的价格出售的风险。经过欧洲工业革命的印证，创业的内涵不断扩大，引起学者们的持续关注。

经济学大师熊彼特将创业看作实现创新（innovation）的过程，把创业者的活动界定为"创造性的破坏行为"，指出创业者的创新活动是可实现新生产要素的重新组合，包含五个方面，即新产品的引进、新市场的开拓、新生产方式的引进、新原料来源以及采用新的生产组织形式（Schumpeter，1934）。国外许多学者从不同的角度对创业进行了界定，朱仁宏将国外学者对创业的定义进行了梳理，总结出四个方面——识别机会的能力、创业者的个性与心理特质、获取机会、创建新组织与开展新业务的活动，较为全面地展现了国外学者对创业的定义（朱仁宏，2004）。

表1-1 创业定义对照表

定义焦点	作者	定义/解释
识别机会的能力	Knight（1921）	成功地预测未来的能力
	Kirzner（1973）	正确地预测下一个不完全市场和不均衡现象在何处发生套利行为的能力
	Leibenstein（1978）	比你的竞争对手更明智、更努力地工作的能力
	Stevenson，Roberts，and Grousbeck（1985）	是洞察机会的能力，而不是已控制的资源驱动了创业
	Conner（1991）	按资源观点，从根本上说，辨识适合投入的能力属于创业者的远见和直觉。但在目前，这种远见下的创造性行为却还没有成为资源理论发展的重点
创业者的个性与心理特质	Bygrave（1989）	首创精神、想象力、灵活性、创造性、乐于理性思考和在变化中发现机会的能力
获取机会	Stevenson，Oberts and Grousbeck（1994）	根据已控制的资源去获取机会
	Shane and Venkataraman（2000）	创业就是发现和利用有利可图的机会
创建新组织与开展新业务的活动	Schumpeter（1934）	进行新的结合
	Cole（1968）	发起、维持和开展以利润为导向的有目的的业务活动
	Vesper（1983）	开展独立的新业务
	Gartner（1985）	建立新组织
	The Academy of Management（1987）	创办和管理新业务、小企业和家族企业，创业者的特征
	Low and MacMillan（1988）	创办新企业

资料来源：朱仁宏，2004：71~78。

2. 对不同群体的创业分析

国外学者对不同群体的创业（移民创业、少数族群创业、妇女创业）进行了论述。Cobas 和 Deollos 以流亡在波多黎各的古巴人为例，提出了四个关于移民创业的假设，即商业背景、劳动力市场的劣势、旅居和参与少数族群的分经济。通过分析，商业背景、劳动力市场的劣势和参与少数族群的分经济会对移民的创业产生影响，而旅居的影响并不显著（Cobas and Deollos, 1989）。Boyd 以大萧条时期北方黑人妇女的生存性创业活动为例，认为该群体的创业活动与她们在劳动力市场中处于劣势的就业经历有关，她们多倾向于从事门槛较低的职业，如收费住宿、理发等（Boyd, 2000）。Bates 在对少数族群的研究中发现，歧视的障碍、教育和商业经验的欠缺导致他们的创业活动多产生一些低利润、勉强维持的较小的公司。而少数族群的创业却在十几年间快速发展，虽然基数很小，但那些总收入超过 100 万美元的大规模少数族群公司却以 3 倍的速度增长（Bates, 1997）。Victor Nee 在对亚裔美国人和西班牙裔美国人的创业研究中发现，家庭构成和人力资本/阶级资源是重要的影响因素。由于存在共同的利益和相互连接的个人纽带，家庭提供了共同使用劳动力资源和经济资源的便利，移民创业者可以使用这些资源建立和运营小型商业公司。同时，移民可以利用人力资本/阶级资源取得商业经营权（Nee, 1996）。

针对移民创业者（immigrant entrepreneurship），国外学者也进行了大量的研究，归纳起来，这些研究集中于探讨两个问题：一是移民为什么进行创业？二是他们所在的城市劳动力市场中有着怎样的中心商业交易？（Caroline and Kristoffer, 2007）Bun、Hui 为解释移民创业的原因给出了两个理论模型：一是文化模型，强调输入式或移植式文化以价值和观念的形式，被援引、生产和再生产，以开始或维持少数族群商业经营；二是结构模型，强调对移民的限制和机会（Bun and Hui, 1995），此模型一方面启示我们移民是被推向创业，是歧视导致其没有其他选择，或有限的语言能力使其进入劳动力市场比较困难；另一方面，移民可以在当地的经济结构和少数族群的城市聚集区中发现机会。第一个解释模型中有一系列文献关注少数族群的资源，包括信任关系、群体内部劳动力和飞地经济，其促进了创业活动（Borjas，1986；Marger and Constance，1992；Min and Bozorgmehr，2000；Yoon，1991）。有学者将第二个解释模型阐述为"劣势假设"（Min and Bozorgmehr，2003）。少数族群在城市的生活区域中可以发现参与小规模商业的特定机会：首先通过形成碎片化的需求，缩小服务当地人口的经济规模；其次可以提供大量的商机，来服务中心城区少数族群聚居的贫民窟，而不是吸引主流公司或当地中产阶级人口（Razin，1993）。

从国内针对其他群体的创业研究来看，研究者已经关注到农民工群体创业（程春庭，2001；白南生、何宇鹏，2002），如江立华、陈文超认为返乡农民工创业的动力主要来自对稳定的生活际遇、经济效益以及体面生活形式的追求，其创业有着较强的经济理性（江立华、陈文超，2011）。此外也有学者关注女性群体的创业，如费涓洪认为女性创业群体中中年女性居多，从事第三产业或传统服务业和制造业，以小规模的家庭企业为主，同时社会资本成为创业的关键因素（费涓洪，2004）。刘中起、风笑天认为女性群体创业受到经济社会结构等因素的制约，而嵌入经济社会结构的社会资本又是企业发展的关键资源，女性的社会资本在创业领域处于"边缘"地位，如何改变这种地位并获得更多的社会资源就变得至关重要（刘中起、风笑天，2010）。

（二）创业行动的社会学研究

对经济行为进行社会学分析是社会学长期关注的焦点，学者们从人的经济行为中来探寻经济与社会的互动关系。对创业这种经济行为的关注，最早可以追溯到马克斯·韦伯关于新教伦理与资本主义关系的分析。随着对创业研究兴趣的增长，社会学家提出了一系列结构上影响创业行动的要素，包括家庭起源（Halaby，

2003；Sorensen，2007）、工作环境（Freeman，1986；Dobrev and Barnett，2005）、社会网络（Stuart and Sorenson，2005）、区域文化和物质环境（Saxenian，1994；Sorenson and Audia，2000）及产业集群（Scmitz，1995；Portes，1998；Palivos，1996）。而社会资本的相关研究也涉及影响创业行动的讨论，例如 Birley 将创业者的社会资本区分为正式网络和非正式网络（Birley，1985）。

谈及经济行为与文化之间的关系，就不能不提韦伯的《新教伦理与资本主义精神》。在这本书中，韦伯通过考察新教伦理与近代资本主义兴起之间的关系，指出自从马丁·路德倡导宗教改革以来，新教徒们所恪守的恪尽职守、勤俭守时的"天职观"对近代资本主义的产生及其理性化产生了巨大影响。资本主义精神不止于获利，不等同于"商人的大胆和道德上不具褒贬色彩的个人嗜好"，而是一种"具有伦理色彩的劝世格言"，它将资本主义的合理因素整合起来（韦伯，1992）。韦伯将"天职观"看作新教伦理的核心概念，其既是影响近代资本主义兴起的精神支持，也是一种无形力量推动着这种经济模式的发展。韦伯从新教的教义中发现，来自上帝的圣训把劳动本身当成了人生的目的。劳动本身并不是为了简单地谋取物质财富，因为占有更多的财富可能引发人们的怠慢，常常沉迷于骄奢安逸的物质享受上，更为紧要的是其让人们失去了对正义人生的追求。人应该坚持不懈地进行辛苦的脑力或体力劳动，并以此作为人生目标。而反感劳动就属于堕落的一种表现。在此基础上，韦伯认为人们在世俗生活中形成了职业上恪尽职守、勤俭守时的观念，其与宗教中的禁欲主义一脉相承，也成为拥有真诚信念的显著证明，进而对资本主义精神的发展及其扩展起到了无可比拟的杠杆作用。不过，韦伯发现矛盾也存在于新教教徒身上，即宗教必然导致勤俭节约，而勤俭节约又必然带来财富。人们总认为随着财富的增长，距离人生的成功目标就越来越近。

社会资本概念起始于法国社会学家布迪厄（Pierre Bourdieu）。布迪厄开创性地给予"社会资本"概念以现代性的系统分析

（Lin，2001）。他通过对劳动者及其获取的资本与市场之间关系的分析得出，外在的社会结构对这种社会关系产生关键影响，资本是对自己以及他人的一种控制能力，更像是一种权力形式（刘中起、风笑天，2010）；科尔曼则从社会行动的角度出发，将理性人、规则、资源纳入社会行动的分析中，认为社会资本有助于揭示个体行动者层次的不同结果以及从微观到宏观解释的过渡（科尔曼，1999）；福山认为社会资本是在社会信任基础上建立起来的，同时它通常也是在宗教、传统等文化机制的影响下产生的，这与人力资本不同，他更多地是从文化的角度诠释社会资本理论，另外，他还指出获取社会资本的特殊之处（福山，1998）；帕特南以意大利南部、北部政府的制度绩效为蓝本，分析了社会资本对其的影响，进而认为社会资本有助于促进经济繁荣和民主发展（帕特南，2001）；林南从社会结构与行动的角度出发，将社会资本定义为行动者在行动中获取和使用的嵌入在社会网络中的资源（林南，2005），社会资本可以带来好的回报，社会资本根植于社会关系中，会促进或约束行动者对社会资本的获取和使用。在国内的相关经验研究中，社会资本往往起到给创业提供信息、经验、技能、技术、资金、安全保护、情感和精神方面的支持以及关照生意的作用（李路路，1995；边燕杰、丘海雄，2000；符平，2003）。

对经济行为的社会网络分析开创了研究经济现象的新篇章。卡尔·波兰尼首先将"社会网络"概念引入经济行动分析，他在《作为制度过程的经济》中提出"人类经济嵌入并缠结于经济与非经济的制度之中"（Polanyi，1944）；格兰诺维特在其著名的《经济行动与社会结构：嵌入性问题》一文中，将经济行动看作嵌入在正在运行的具体的社会关系系统中（Granovetter，1985），认为"结构嵌入性"有着非常重要的意义：机会根植于既有的社会关系网络之中，而其作用在于让企业更加快速地获取和使用信息，与其他经济体或决定者建立信任关系，以方便交易；在创业中，社会结构的中心并不是依靠现代制度的缺失或者不足，相反，社会关系的授权，少数族群和其他有界限的共同体可以在确定的条件下，为公司带来所需的资源（Granovetter，1995）；伯特分析了创业者的成功概率是如何被他们的网络结构决定的，因为他们操纵结构，更容易收集更高层次的信息（Burt，1992）；汉森认为利用人际关系网络是创业者获取低成本资源甚至稀缺资源的重要途径（Hansen，1995）；彭玉生以366个村庄的数据为例分析了社会网络在保护私有产权、降低交易成本以及免受地方政府威胁方面的作用（Peng，2004）。在国内的相关经验研究中，社会网络往往给创业者提供商业情报、创业资金、首份订单这三项资源（李培林，1996；朱秋霞，1998；石秀印，1998；刘培峰，2005；边燕杰，2006；汪和建，2007）。

从创业动机来看，有学者将国人的创业动机归结为中国人对当"老板"有特殊偏好。黄绍伦通过对1978年40位移民香港的上海工业家（纺织家）的研究发现，当老板（自主经营）最受董事和非董事们重视（黄绍伦，2003）。流心认为中国人对老板格外偏好，从而给予"老板"这一称谓泛化和较高的评价（流心，2005）。陈介玄在对中国台湾地区的中小企业进行研究后指出，中国人偏好当老板的心态是导致台湾中小企业较多的重要原因。在解释人们缘何偏爱当老板时，他认为当老板的动力源于可能获得的资源利得，包括经济、社会、文化和政治资源（陈介玄，1994）。

从创业路径来看，费老将其一生的学术兴趣概括为"志在富民"，毕生"行行重行行"，探索使中国农民富裕起来的路径。宋林飞将费老的富民理论总结为十个观点：一是农副相辅。在20世纪30年代的吴江研究中，费老将苏南农民的家庭生产总结为吃靠土地、用靠副业、男耕女织、农副相当（费孝通，1988），农副相辅给农民带来新的收入来源，改善生活。二是农工相辅。他认为在人多地少的情况下，要想富裕起来，除了种庄稼之外，还要种植其他经济作物，并从事加工型的家庭手工业（费孝通，1992）。三是工业下乡。把多种多样的工厂吸引到乡下，在集镇中让农民参加工业生产,脱贫致富。四是科技下乡。通过行之有效的方式和途径把先进的科学知识传递到广大群众手中,改变盲目发展状态,变成强大的生产力。五是草根工业。中国农民创办的企业具有草根性质,草根工业给农业负担的减轻和农业规模经济的发展提供了重要的物质支持。六是致富模式。自1978年以来,各地农民根据自身的条件创建了不同的发展模式,如因地制宜发展乡村工业的"苏南模式"、发展个体私营经济的"温州模式"等。七是发展小城镇,发挥人口蓄水池的作用,减少农民方能富民,农民转移到小城镇一方面成本低,另一方面为小城镇的发展注入动力。八是离土不离乡。随着乡村工业的发展,越来越多的农民卷入农工相辅的历史传统中,形成农工相兼的生产方式。九是"全国一盘棋"的边区开发。十是更高层次的浦东开发。(宋林飞,2010)

(三)水库移民创业的相关研究

1. 水库移民的经济恢复与发展研究

首先是水库移民在安置区的经济发展特点与影响因素研究。移民在安置区的生计恢复是其融入安置区生活的重要环节,许多学者开展了相关研究。雷洪、孙龙在对三峡农村移民的劳动适应研究中发现,外迁移民的种植品种和劳作方式完全发生了变化,其主观评价和适应性低于后靠移民,而移民的劳动适应是一个多因素影响的复杂过程,客观上劳动环境的变化和学习新生产劳动技术的困难及主观上移民自身的素质和心理期望是重要的影响因素(雷洪、孙龙,2000)。罗凌云、风笑天从经济生产的适应角度,对三峡农村外迁移民的生产方式适应和未来经济发展两个方面进行了分析,认为三峡农村外迁移民的经济发展及生产方式适应有着落后性、差异性和长期性的特点(罗凌云、风笑天,2001)。许佳君、施国庆认为经济整合是三峡外迁移民与安置区社会整合的基础,尽快适应东部安置区的生产条件是生产经济整合的主要内容,其中生产方式、生产技能、就业方式和发展资金不足是影响生产经济整合的最主要因素(许佳君、施国庆,2001)。

移民在安置区的经济发展受到三个因素的显著影响，即家庭劳动力总人数、家中有无自办企业和耕地质量（石智雷、杨云彦，2009）。石智雷等认为人力资本要素对非自愿移民的经济恢复有着重要的影响，且不同搬迁安置阶段移民的人力资本失灵程度也存在明显的差异，例如，在搬迁安置初期移民的人力资本失灵更为严重，人力资本只有在劳动力市场较为完善的条件下才能发挥效应（石智雷等，2011）。

其次是水库移民的经济发展模式。水库移民在安置区选择何种生计策略决定了他们收入恢复的水平。水库移民多是农民，这也导致移民在生计恢复中比较侧重于农业，移民的农业经营模式有公司、专业合作等不同组合形式。以公司为例，有公司＋农户、公司＋基地＋农户；从专业合作来看，存在专业市场＋农户、专业合作社（专业协会）＋农户＋市场及订单农业等形式（许玉明，2000）。水库移民受不同的市场和资源条件影响，农业发展的方向有所差异。例如，在城郊可以发展绿色农业和观光农业，如进行鲜切花种植；在多山地区可以发展高效林特产业，如进行中药材种植；在河谷地带可以进行经济林果种植；在丘陵平坝区可以开发高产优质的农产品，如粮油、蔬菜等（李孝坤，2007）。当然，水库移民在发展农业的同时，也存在发展二、三产业的情况，具体表现为发展家庭农副加工业、服务业、运输业等。家庭农副加工业体现为个人或村集体创办经营的农副产品加工业，如织带加工；服务业体现为小型超市、餐饮服务、房屋租赁以及景点参观旅游等；交通运输业体现为人力三轮车、出租车、货运物流等。

最后是水库移民区域产业结构研究。该方面的研究多以三峡库区为主。三峡库区产业结构变动明显地表现出受到移民搬迁和国家加强库区基础设施建设等外来因素影响的特点，三峡库区产业结构层次仍然较低，而且各产业内部结构不合理，既没有发挥资源优势，也不利于库区经济的可持续发展（李炳光，2006）。三峡库区各区县以移民迁建为契机，调整产业结构，取得了二、三产业发展加快和产业结构正在逐步趋于优化的效果，但是受多重条件的制约，三峡库区产业结构又呈现一产弱、二产缺、三产虚的现实困境（王世博，2006）。而针对水库移民区域产业结构的一些困境，有学者提出了产业结构调整的思路和措施及指导移民发展优势产业、加强移民特色产业、限制移民落后产业等方式，为移民群体的致富指明了方向（邓培全，2003）。

2. 水库移民创业致富研究

有关研究者针对水库移民创业致富开展了零星、分散的研究：孙凌通过对三峡移民的发展机遇和致富途径的调研，从西部开发、全国对口支援、百万移民搬迁、加入WTO、经济结构调整、发展旅游业、生态环境建设、国家扶贫政策、社区服务业等角度阐述了社会结构要素与三峡移民发展的关系（孙凌，2002）；何贤举以一个镇为例分析了三峡移民致富的现状和问题，并提出加大后扶力度和发展优势产业等建议（何贤举，2006）；傅春、张明林以鄱阳湖区退田还湖移民为例，分析了移民创业存在的几个关键问题——创业意愿不高、创新能力不足、创业资金不足、创业比率低、创业规模小、农业产业化水平低、创业环境差等（傅春、张明林，2009）；阮锐等提出了以示范基地为载体的移民安稳致富模式，并以实例分析了该模式的社会、经济、生态综合效益，是对三峡移民安稳致富模式的创新（阮锐等，2010）；商德锺等分析了移民的社会资本变迁状况及其对移民个体及家庭发展的影响，认为族群文化的不同及政治资本的差异，深刻地影响了移民的发展选择，产生了一系列社会问题（商德锺等，2010）。

也有研究者针对温州水库移民发展进行了研究。唐钟鸣在对温州珊溪水库移民人力资本的研究中发现，人力资本提升对水库移民创业具有促动作用，主要表现在对机遇的把握和风险的规避上（唐钟鸣，2006）。董力毅以温州珊溪水库移民为例，从人力资本开发的角度分析了非自愿移民在搬迁后通过受教育、培训等方式增强人力资本可以提高或恢复生产生活水平（董力毅，2007）。李莉从资金支持角度探讨了移民发展问题，通过对温州珊溪水库移民后期扶持中小额贷款的分析，探讨了后期扶持中影响小额贷款的因素，并从制度上设计了移民后扶小额贷款的模式（李莉，2006）。任柏强等从温州移民社会的角度出发，将温州社会的移民划分成三种类型，即由外向内、由内向外、由内向内，从宏观上揭示了温州经济与社会发展的规律及其特点，阐述了温州移民社会的发展模式、运行机制和管理体制（任柏强等，2008）。

（四）简短评论

通过对与本书相关的国内外文献的梳理和分析，笔者给出如下评论。

第一，缺乏对水库移民所处的外部环境与创业行动之间关系的研究。生活在社会中人的行动总是在某一具体的时空维度下展开的，离开了具体的时空范围，人的行动也就无从谈起。水库移民的创业行动总是发生在特定的社会文化背景和制度环境中，这是理解和解读水库移民创业行动的时空域。已有的研究关注了创业者在创业中的影响因素，如社会资本、关系网络和文化，但是缺乏对创业者所面对的外部支持的分析，尤其是这种支持可以为创业者提供资源或帮助。基于此，本书将从外部支持与移民创业行动的角度对水库移民创业进行分析。

第二，缺乏对水库移民获取创业资源行动策略的研究。学界对创业的研究可谓汗牛充栋。国内外许多学者从定量视角出发对影响创业的因素进行了分析。将创业的各个环节逐一剖开分析也是研究热点，例如对创业动机、创业意愿、创业机会的识别与把握以及所拥有的创业资源等。这些研究具有宏观意义上的普遍解释力，但缺乏从微观层面对移民获取创业资源行动策略的深入剖析。

第三，缺乏对水库移民创业方式的系统性研究。学界对水库移民群体的经济发展、生产恢复、生活改善等开展了相关研究，但是这些研究并没有明确关注水库移民的创业行动，而仅仅将创业视为经济发展中影响力较小的一个方面。另外，虽然已有研究者开展了移民创业致富的研究，但从整体来看，这些研究缺乏深度和系统性，只是从宏观上探讨移民发展的几条路径、几种方法，或是探讨其发展困境，等等。因此，只有系统、深入地分析水库移民的创业方式，探寻其发展轨迹，才能为其他移民创业提供借鉴。

四　主要概念界定、研究框架和创新

（一）主要概念界定

1. 水库移民

自 1949 年以来，中国因兴建水利水电工程产生了大量的水库移民，截至 2006 年 6 月 30 日共有 2228 万人。水库移民是一种非自愿性、被迫性迁移，是非自愿移民的一种。施国庆认为水库移民是水利水电工程移民中的一种，而水利水电工程移民又属于工程移民范畴。工程移民是因工程建设而引起的大规模人口迁移和安置行为（施国庆，1999）。遵循此思路，本书中的水库移民是指因水库工程的建设而引发的大规模的、有组织的人口迁移与流动，并伴随着经济、社会等系统的重建。

水库移民有数量多和范围广的特点，可以分为水库农村移民和水库城镇移民。水库移民安置的本质是让那些因水库建设而失去土地、房屋和其他资源的移民获得新的生产资源与生活设施，并逐步恢复到搬迁前的生产生活水平（施国庆，1995）。

因搬迁距离不同，可将水库移民分为后靠安置移民、就近安置移民和外迁安置移民。本书的研究对象是异地安置的水库移民，搬迁地点远离先前生活的县域，但是没有迁出市级范围。根据移民安置情况，可以分为集中安置和分散安置；根据村落情况也分为插花安置村和独立行政村。本书中异地安置的移民都是集中安置，有的是在插花安置村，有的在独立行政村。

2. 创业

创业（entrepreneurship）是一个跨学科的、多层面的社会现象，牵涉技术变迁、产品研发、企业管理等方面，这导致对创业研究有不同的侧重点，也产生了许多创业定义。朱仁宏从有影响和代表性的创业定义入手，从识别机会的能力、创业者的个性与心理特质、获取机会、创建新组织与开展新业务的活动四个角度对创业定义进行了梳理，如 Shane 和 Venkataraman 认为创业就是发现和利用有利可图的机会，Low 和 MacMillan 认为创业就是创办企业，等等（朱仁宏，2004）。

笔者综合以往研究认为，水库移民创业是指水库移民从库区搬迁到安置区后经历适应当地生活的过程，在一定的社会环境下，或是为了增加财富收入，或是为了实现人生价值，依靠在搬迁前或是在安置区积聚的资金、技术、信息等资本，借助国家对水库移民的后扶政策和其他扶持政策，集中在对技术、资金要求不高的农业相关领域及加工业、纺织业、服务业等行业领域开展生产经营活动，创办工商企业、农业合作经济组织等，带动移民群体共同致富。可以从以下三个方面来理解移民创业概念的内涵。

第一，移民创业者是自雇者（Self-Employment），通俗地讲，就是"老板"。他们不是在现有的工作岗位中谋求就业，而是自己创造岗位实现就业。这里的创业是与工作者相对的，因此，参加创业是一个劳动力市场转变的过程，即脱离就业而自我创业建立组织，或者是参与雇用其他人（Parker，2004）。

第二，创业是一种平常化行动，并不神秘也不专属于某个阶层。通常一讲创业，人们往往就认为是高科技创业，其实创业的层次、行业、种类有多样性，处于社会不同阶层中的人，依靠自己的努力都可以进行创业，而获取利润是创业的重要表现。

第三，创业就等于创办新企业，但创业既应该包括创办规范化的企业组织，也应该包括从事个体经营及创办一些非正规经济的劳动组织（Low and MacMillan，1988）。

3. 资源

资源是影响创业的重要因素，同时如何获取和运用资源贯穿整个创业过程。当然，在创业中资源是创业者所拥有或者说能支配的实现创业目标的各种要素和要素组合。林嵩将创业资源定义为高科技企业在创立和成长的过程中所必不可少的各种生产要素和支撑条件（林嵩，2007），并将创业资源分为 6 个类别，即政策资源、信息资源、资金资源、人才资源、管理资源和科技资源。不少社会学家也对资源做过界定。吉登斯认为资源是改变事物的一种能力，是社会再生产过程中通过具体行动使目标得以实现的基本要素。存在两种资源：一种是配置性资源，指的是对外在的物品、商品或者物质现象的控制能力；另一种是权威性资源，强调行动者对控制的各种转换能力（吉登斯，1998）。科尔曼从更宽泛的角度对资源做了解释。资源是行动者掌握的私人物品或控制的事件，它们能够满足人们的需要——获取利益（科尔曼，1999）。林南在对社会资本的分析中将资源划分为个人资源和社会资源两类：个人资源是个人所拥有的，包括物质资源、符号性资源（如声誉、地位）；社会资源是个人通过社会关系获取的，取决于个人社会关系的广泛性、多样性（Lin，2001）。

根据本书的需要，笔者将创业资源放到大的资源中，即资源是可以让移民创业者在创业过程中获得必要而且重要的经济、政治和社会等方面的各种要素，既包括物质性的东西，也包括非物质性的东西，还包括人们通常所说的"声望"和"荣誉"。

（二）研究框架

本书第一章是绪论，从第二章开始本书对上述几个问题进行阐释。

第二章描述温州异地安置水库移民创业的背景，也给出本研究的历史陈述：其一，移民后，水库移民在安置区的生产生活面临困境；其二，水库移民在安置区生活被当地人以异样眼光看待；其三，水库移民在安置区的生计恢复遇到了发展机遇。

第三、四、五章是本书的主体部分，分别从三个层面描述移民在创业过程中得到的支持以及移民创业者通过行动获取创业资源和支持对创业的影响。具体来说：第一，政策支持与移民创业（第三章）。面对政策支持，移民形成了常跑政府部门、申报扶持项目和当"典型"的行动策略来获取资源，积极创业，并得到利益，也引发了移民对扶持力度不够的抱怨。第二，社会环境支持与移民创业（第四章）。面对安置区社会环境中的支持，移民靠积极实践、模仿学习和拓展社会关系网络的行动策略来获取资源，产生了拓展创业局面、巩固创业成果和加速融入当地社区及坚定创业信心的效应，也淡化了移民身份，建构起新的认同。第三，移民群体支持与移民创业（第五章）。面对移民群体的支持，移民靠抱团创业、创业成功的模范吸引和精英人物权威动员的行动策略来获取资源，产生了移民群体走上共同富裕道路的正效应及移民之间攀比、炫耀的负效应。

第六章主要介绍水库移民创业的典型方式。根据田野调查资料，笔者梳理出水库移民创业的三种典型方式，即专业合作经济方式、村级集体经济方式和个体私营经济方式。

第七章讲述水库移民创业的逻辑。根据前文的分析，笔者认为水库移民创业既表现出受各种结构性要素影响的特点，也体现出移民创业具有主体选择性。

第八章"研究结论与展望"，总结水库移民创业的特点，梳理他们在面对外部支持时获取资源的行动策略，并指出他们在创业过程中对移民身份使用上的偏好及其创业行动的后果。在本书研究的基础上，笔者提出因地制宜地构建水库移民后期扶持机制，以期为我国大中型水库移民后期扶持实践提供借鉴。

本书各章节之间的逻辑关系及技术路线见图 1 - 1。

（三）研究创新

本书的创新体现在以下三个方面。

第一，本书构建出新的分析路径，旨在探讨外部支持与水库移民创业之间关系。在新的分析路径中，既关注宏观的结构性影响因素（外部要素提供的创业支持），也关注微观层面水库移民的

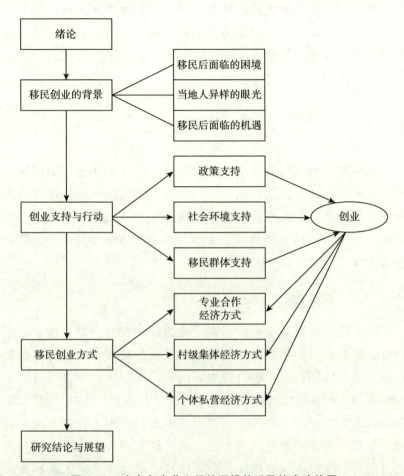

图 1 - 1　本书各章节之间的逻辑关系及技术路线图

创业行动（在具体情境中建构行动策略），正是这种宏观、微观相结合的视角使笔者能更为清晰地描述水库移民的创业过程，为解读水库移民群体提供了更加全面、系统的分析框架。

第二，本书突出水库移民在创业过程中获取创业资源的行动策略。除创业者外，将政府、安置区居民、移民群体均视为能动主体。在面对外部支持时，创业者所采取的行动策略会对其创业产生各种影响，因此，梳理创业者在不同情境中的不同行动策略，拓展了对移民在创业过程中获取创业资源的研究。

第三，本书从鲜活的田野调查材料中梳理出水库移民创业的典型方式，即专业合作经济方式、村级集体经济方式、个体私营经济方式。在描述其创业过程的基础上，总结出各自的发展特征，丰富了水库移民创业研究。

五 研究方法

研究方法的选用取决于研究者对研究问题的研判，即研究问题是什么，用什么方法，怎么用。本书的研究问题是外部支持与水库移民创业、水库移民获取支持及移民创业方式，显然这三个问题适合采用以描述和解释为主的质性研究方法。基于此，笔者将采用以定性研究为主的方法。

（一）方法论

从实践出发到最基本的事实中寻找最强有力的分析概念是中国社会科学研究面临的挑战，而做法是从悖论现象出发，对现象做深入的质性调查，了解其逻辑，同时通过与现存理论的对话和相互作用，来推进自己的理论概念建构（黄宗智，2005）。就水库移民创业来说，创业涉及许多方面，由此也产生了许多生动而有趣的故事。面对纷繁复杂的现象，质性研究的人文主义范式是最适合的，在探索性与解释性方面可以取得量化方法所无法达到的效果。因此，本书从实践出发，遵循定性研究的思路，对移民创业行动进行"深描"和阐释，重点分析外部支持与移民创业之间的关系。

1. "自上而下"与"自下而上"

移民创业在安置区当地是热点话题，当地政府包括省级政府都十分重视对移民创业进行指导。在具有强烈现实意义的基础上，笔者在研究中将自上而下和自下而上两种视角结合起来，以充分显示科学研究的客观性、真实性和准确性。

自上而下的方式可以帮助笔者较快地了解当地移民创业群体

创业的全貌，获得宏观的研究资料，避免陷入"只见树木，不见森林"的盲区。在政府相关部门工作人员的带领下，笔者进入一个个田野地点进行调查。如果没有政府部门工作人员的带领，笔者无从得知哪些村落是移民村，更无法得知这些村落中移民创业的情况。这种"官方"身份使笔者顺利获取了被调查者的信任，很快打开了调查局面，因为移民创业者很喜欢跟政府打交道，并不存在抵触情绪，笔者去调查他们反而成了他们眼中有面子的事情。而笔者的另一身份"博士生"则在一定程度上打消了他们的顾虑，被调查者并不忌讳一些言语。

自下而上的方式让笔者接触到更多鲜活、生动的创业故事，了解了许多官方资料之外的逸闻趣事，有助于笔者识别官方资料的真伪。自下而上的方式让笔者更加清晰地认识移民创业所取得的成就、发展轨迹和存在的问题。起初进入田野，笔者十分担心语言方面的问题，因为温州话特别难懂且语系众多。但在调查中，移民主要说普通话，他们与当地人的方言不相通，普通话成了共同的交流语言。语言障碍的扫除有利于笔者的顺利融入。当然，笔者的"官方"身份也让许多移民把笔者视作"传声筒"，不断向笔者倾诉面临的各种问题、困惑，他们试图让笔者将这些问题以"博士生"的身份向上反映。

2. 宏观分析与微观分析相结合

创业活动是一个跨学科的复杂现象，涉及技术创新与研发、环境的变化、企业管理、创业者个体和产业发展等问题（朱仁宏，2004）。对水库移民创业来说，如果只关注外部环境的影响，而忽略了移民行动的复杂性，可能导致无法获知创业行动建构的过程；而只关注创业的具体细节，则会忽略宏观层面的因素。因此，在对水库移民创业的分析中，笔者力求把宏观取向和微观取向结合起来，既关注外部环境的作用，也关注微观层面具体情境中各因素的张力。先从宏观层面理清外部要素对水库移民创业的支持，然后从微观层面关注水库移民在创业过程中获取资源的行动以及创业方式，最后回到从宏观层面关注水库移民创业的效应。

3. 案例的延伸

在社会学研究中，个案研究是常见的方法。对一个人、一个事件、一个群体和一个社区进行全面研究是其特点（风笑天，2001）。当然，个案研究存在代表性问题，也是其饱受质疑之处；但个案研究有深入、详细和全面的研究效果，因此，代表性问题存在一定的误区。个案研究应该突出其典型性而不是代表性，典型性不是个案"再现"总体的性质（代表性），而是个案集中体现了某一类别的现象的重要特征（王宁，2002）。

斯泰克将个案研究分为"本质性个案研究"（intrinsic case study）、"工具性个案研究"（instrumental case study）和"集合性个案研究"（collective case study）（斯泰克，2007）。本书采用的是集合性个案研究，即如果一个特殊的个案中本质性的意义更小，研究者可能连带地观察大量个案以便研究一个现象、一群人或总的状况（斯泰克，2007）。这些个案可以是相似的或不同的、类似的或迥异的。笔者之所以选择集合性个案研究，主要考虑的是选择单个移民创业者或单个村落式的个案并不能全面反映水库移民群体在创业过程中获取资源的策略及其创业方式，而通过延伸到几个个案，并在个案的基础上建立个案系，能更好地理解个案。在个案选择上，笔者在调查初期尽可能多地选择不同类型、不同行业、不同年龄移民创业的案例，虽然没有解决个案研究的代表性和普适性问题，但笔者力求做到典型性。

综上，可将本书的研究方法概括为：在研究中始终保持反思性，将自上而下和自下而上的视角相结合，将宏观视角和微观视角相结合，而又跳出个别个案本身，走向宏大场景（卢晖临、李雪，2007）。当然，笔者也意识到个案研究具有一定的局限性，本书的描述更多的是一种行动策略和实践逻辑，希望能够为研究水库移民群体创业或其他群体创业提供个案例证，并不能推论全国水库移民群体的情况。

（二）具体方法

笔者于 2008 年至今一直参与温州水库移民方面的课题研究，通过长期多种形式的调查研究，对温州水库移民群体形成了全面的认识。可以说，笔者的研究也源于对这些课题的连续性思考。具体研究活动如下：①2008 年 9 月对温州泰顺县、瑞安市、龙湾区、鹿城区进行调查，对移民管理机构的负责人以及移民村（点）的负责人和移民进行深入访谈，并完成 3 万字的调研报告。②2010 年 6~8 月，走访温州十个县（市、区）的若干移民村（点）进行问卷调查、实地访谈。③2010 年 11~12 月，再次深入温州十个县（市、区）进行实地走访，完成调研报告。④2011 年 3~6 月，笔者以"创业致富"为主题在温州地区进行田野调查，这是本书中最重要的一次调查。笔者分别在温州鹿城区的 YX 移民区、SY 移民区，乐清市的林村①，瑞安市的 YX 移民区、双村、五村，平阳县的郑村、汇村、蒲村、直河移民点，苍南县 LG 镇、QK 镇的章村和项村进行了 3 个月的田野调查，进行访谈录音并收集书面材料，其间也在温州市图书馆和档案馆收集有关温州地区的民族志等材料。⑤2012 年 3 月和 6 月再次前往温州，并对前期的田野调查的被调查者进行了回访并做资料补充。

本书采用的具体方法是参与式观察法、深度访谈法（主要是半结构式访谈）和文献法。

1. 参与式观察法

因为多次前往移民村（点），笔者和有关移民村（点）的负责人与村落精英结成了较为亲密的朋友关系，再加上市里、县里的"朋友"打招呼，笔者能够顺利且轻松地进入移民群体的日常生活。在调查中经常遇到移民在从事生产活动，有时笔者也作为其中的一员参与其中，比如笔者生平第一次放羊（QF 种养殖合作

---

① 遵循学术惯例，也是出于对受访者隐私的尊重，本书对人名和县级以下的地名进行了匿名处理。

社）、第一次驾驶插秧机（ZN 农机合作社）、第一次采摘月季花（SH 园艺有限公司）、第一次采摘黄瓜和西红柿（SM 蔬菜专业合作社）。在体验中，笔者获得了丰富的第一手资料。

每到一个田野地点，笔者都会特别关注以下几点：①移民村（点）的村容村貌、村内的基础设施情况、交通条件，据此可以快速判断该村的经济发展状况。②移民户的生活情况。在移民家里，通过对居住房屋、家庭财产状况、移民的穿着打扮，甚至饮食结构等的观察可以了解移民户的生活情况。③与被调查者一同参与生产，观察他们在生产中生产技术的运用、人际关系的处理等方面的情况，从侧面了解移民创业者的能力和创业现状。④观察与体会被调查者与当地村民的互动情况，以及日常生活中当地居民对移民的态度、行为等。

2. 深度访谈法

在田野调查中，除了参与式观察法，深度访谈法是笔者获取资料所使用的最为重要的方法。深度访谈主要围绕移民在移民后的生产生活状况，特别是移民后在安置区的适应与融入情况，以及在安置区的经济活动尤其是创业活动等主题展开，并没有事先设计的问卷和固定程序，进行比较自由的交谈（风笑天，2001）。

在访谈中，笔者经常遇到的一种情况就是，不断有其他移民加入，话题也随之发生了转移。此时，笔者一方面听取与调查主题密切相关的对话，另一方面运用转移话题的技巧将移民拉回访谈主题。有的时候，笔者在调查中会遇到一些比较极端、悲愤的移民，此时笔者往往采取策略离开当时的场域，避免造成被调查者情绪上的波动而引发冲突。当然，对被调查者访谈内容进行适当验证是十分必要的，尤其是当涉及创业的资金和利润时，笔者经常采取的策略就是多次在不同场合问同一个被调查者，寻找其他知情的移民访谈，或是在被调查者同意后获取书面的财务报表等材料，这样才能保证调查资料的真实性和客观性。

3. 文献法

文献法也是收集资料的一种方法，在本书中，笔者主要收集官方资料、媒体的报道以及被调查者提供的书面材料。

第一，官方资料。包括《温州统计年鉴（2011）》、温州市级移民主管部门和各县（市、区）统计报表与工作总结。当然，地方志也是笔者了解研究对象的重要资料，尤其是当地的瓯越文化以及宗族制度。笔者收集了《温州文史资料》、《温州年鉴》、《温州市地方志》、《苍南方言志》等。

第二，媒体的报道。媒体的报道有助于笔者大体了解移民的创业情况，作为选择被调查者的依据。被调查者中的一部分人因为事迹感人或地方政府出于树立典型的需要，已经被媒体进行了多次报道。当然，笔者的学术调查与记者的采访报道有较大差异，记者的报道倾向于从宣传角度展开，笔者则更加关注创业背后的逻辑。

第三，被调查者提供的书面材料。这些材料是本书重要的第一手资料。在田野中，笔者每到一处都尽可能地在征得被调查者同意后向其索要相关书面材料，因为采用固定组织形式的创业者每年都需要向工商、税务部门提供报表。这些材料主要包括被调查者的财务报表、生产总结、项目申请书、股东入股协议书、土地流转协议书、职工劳动合同等。

六　研究区域

本书选择温州地区的异地安置水库移民为研究对象，探讨水库移民创业活动。一方面是因为温州地区浓厚的创业氛围和经商文化切合本书的研究主题。温州地区受"永嘉学派"重商主义、经世致用观点的影响，有浓厚的经商文化，改革开放以来，温州人在市场经济的大潮中造就出一个个财富传奇。另一方面，对异地安置水库移民群体的创业活动进行研究，源于创业是改变移民个人和群体经济状况的有效路径，而研究如何将扶持移民创业融入国家的后期扶持政策具有重大的现实意义。

温州一直都是学术关注的热点地区，许多学者都在温州这片市场经济的热土中获得学术灵感。例如，从改革开放以来的对经济发展的温州模式的研究，到家族宗族制度、家族企业、流动的温州人，再到近年来对温州金融融资的研究。"小商品、大社会"是温州农村经济发展的基本特点，这种家庭工业经济在生产者和消费者之间建立了一个无孔不入的流动网络（费孝通，1992）。温州浓厚的经商文化传统，与发展商品经济所需的观念和精神相吻合，成为推动温州农村商品经济蓬勃发展的重要精神力量（张仁寿、李虹，1990）。

温州地形总的来说是"七山二水一分田"，水资源分布广泛，也蕴藏着巨大的资源。因此，自 1949 年以来，温州共兴建了 21 座大中型水库，产生了 14 万多水库移民。从温州西部山区外迁到温州东部平原地区的水库移民群体具有一定的典型性：一方面，融入当地的创业是较快改变经济状况的路径，他们的创业行动必然会受到安置产业结构、文化传统等方面的影响；另一方在国家对大中型水库移民给予后期扶持的背景下，移民创业离不开外部支持。

（一）温州及其区域经济

温州市是浙江省的地级市，国家 14 个沿海开放城市之一，海峡西岸经济区五中心城市之一，浙江省省级历史文化名城，浙江省的经济中心之一，浙东南第一大都市，浙南经济、文化、交通中心，位于中国东部海岸线中段的浙江东南部，东濒东海。全市陆域面积 11784 平方公里，海域面积约 11000 平方公里，其中市区（鹿城、龙湾和瓯海三个区）面积 1187 平方公里。除了市内三区，温州还下辖乐清市、永嘉县、洞头县、瑞安市、平阳县、苍南县、文成县和泰顺县。

温州境内地势，从西南向东北呈梯形倾斜，绵亘有洞宫、括苍、雁荡诸山脉。泰顺的白云尖，海拔 1611 米，为全市最高峰。东部平原地区，人工河道纵横交错，主要水系有瓯江、飞云江、鳌江，境内大小河流 150 多条。温州陆地海岸线长 355 公里，有岛屿 436 个。海岸线曲折，形成磐石等天然良港。在温州市东部河流下游及其沿海地区，在河流和海潮共同作用下形成了洪积、冲积和海积平原。这些平原在整个温州市的土地面积中所占比例虽然不大，但都是重要的耕作区，也是人口众多、经济发达的地区。①

温州市是浙江省人口最多的城市，在全国第六次人口普查中，截至 2010 年 11 月 1 日零时，温州市共有 912.21 万常住人口，其中市外流入人口 284.22 万人，占全市常住人口的 31.16%。

温州市 2010 年的地区生产总值为 2925.04 亿元，国民经济的三次产业比为 3.2∶52.4∶44.4。受工业经济恢复性增长影响，三产比重较 2009 年回落 0.4%，而民营经济占全市国民经济比重达到81.6%，财政收入占 GDP 比重为 14.1%。农村居民人均纯收入为11416 元，而温州各县区因地理位置、产业结构等方面因素不同经济发展水平也有所差异。

表 1 - 2　温州市 2010 年经济指标一览

指标	地区生产总值（万元）	农村居民人均纯收入（元）	户籍人口（万人）
鹿城区	5606243	13687	71.40
龙湾区	3602775	15294	33.75
瓯海区	2753619	14265	40.62
洞头县	343559	8937	12.81
乐清市	4958356	13798	124.05
瑞安市	4572171	12538	119.05
永嘉县	2050517	8756	94.63
平阳县	2025917	9274	86.73
苍南县	2547974	8939	129.78
文成县	405163	6158	37.64

---

① 资料参考了百度百科对温州的介绍，具体网址为：http：∥baike. baidu. com/link？url = ULl4nPOqeImD9Xgs6XsIx＿8uNJQnFLSOXmw6cL7gcApV0LtVLRNjI08iLvtQ70VZQqH5HrdZIPR7 - AzrFuyKK。

续表

指标	地区生产总值 （万元）	农村居民人均纯收入 （元）	户籍人口 （万人）
泰顺县	397683	6010	36.34

资料来源：根据《温州统计年鉴》（2011）（温州市统计局，2011）整理。

（二）温州水库移民概况

1. 总体概况

多山多水的温州水资源丰富，总量达到 141 亿立方米（含地下水 29 亿立方米）。1949 年以来，温州市为加快水利建设，发展农业生产，大兴水利，兴建了一批重点水利工程，为温州防洪灌溉、发电供水和经济社会发展发挥了巨大的综合效益。当然，建设水利工程，随之也产生了大量水库移民，他们举家迁往库区外生活，或故土离别，迁往他乡，或就地后靠。

根据 2006 年国家大中型水库移民后期扶持人口核定数据，温州市 2006 年 6 月 30 日前建成并投入使用的大中型水库①有 21 座，水库移民原迁人口有 53721 人，水库移民现状人口为 146221 人。水库移民安置区涉及温州 11 个县（市、区）的 200 个乡（镇、街道）960 个村（居）。分地区来看，鹿城区 6162 人，龙湾区 6803 人，瓯海区 7288 人，瑞安市 26341 人，乐清市 28300 人，永嘉县 3588 人，平阳县 10845 人，苍南县 21009 人，文成县 24119 人，泰顺县 11765 人，洞头县 1 人（外地迁入的移民）。安置模式有非农自谋职业安置、非农自谋出路安置、后靠安置和农业外迁安置。

按照国家"先期补偿，后期扶持"的移民工作精神，温州的水库移民目前都已处于后期扶持阶段。在国家大中型水库后期扶持政策推行以前，对温州市水库移民的后期扶持比较混乱，主要有三座水库的移民有后期扶持：一是文成县百丈漈水库，因是中央直属水库，进入 2002 年开始的中央直属移民后期扶持 6 年规划；

---

① 大中型水库是指水库库容 1000 立方米以上，装机容量 5000 瓦以上。

二是珊溪水利枢纽工程，在 2001 年竣工后，进入 2003 年开始的"珊溪水利枢纽工程移民后期扶持十年规划"；三是泽雅水库，在 1999 年投产后从每吨供水中提取一分钱作为移民后期扶持资金。而自 2006 年 7 月 1 日开始，国家把全国 2288 万大中型水库移民统一纳入国家对水库移民的后期扶持范围。截至 2010 年 12 月 31 日，温州市各县（市、区）2006～2010 年后期扶持规划和项目规划累计投资 44395.96 万元，其中后期扶持规划资金为 39313.96 万元，项目规划资金为 5082 万元（其中结余资金为 4417 万元，应急补助资金为 665 万元）。

2. 典型工程——温州珊溪水利枢纽工程

本书的研究对象是温州近年来影响较大的珊溪水库移民。一是因为珊溪水库移民量较大；二是因为对珊溪水库移民采取了市内异地安置的办法，把处于温州西部山区的库区居民搬迁安置到东部平原地区。

珊溪水利枢纽工程是以满足灌溉和城市供水需求为主，兼具防洪、发电、环保等效益的大中型水利工程。在该项工程的项目规划中，工程建成后的效益主要体现在以下方面：第一，可以增加和改善灌溉面积 99.97 万亩；第二，可以为整个温州地区提供生产生活用水 7.3 亿立方米，解决温州的用水难问题；第三，可以增加电量供应，年发电量达 4.06 亿千瓦时的水电厂可以为温州提供调峰电源；第四，可以提高飞云江中下游的防洪能力，将不同地区的防洪标准分别提升到 10 年一遇及 20 年一遇；第五，可以改善地区内的河网水质，河网水质将由 V 类提高到 III 类，提高环境质量，保障居民生活。

珊溪水利枢纽工程由两部分组成：一是珊溪水库工程；另一是赵山渡引水工程，位于飞云江干流中游河段。工程的项目建议书（国计委〔1994〕53 号）在 1994 年 1 月获得中央批准。1996 年经浙江省人民政府批准成立的浙江省珊溪经济发展总公司成为建设、经营、管理珊溪水利枢纽工程的业主（其中温州市占股 51%、浙江省占股 49%），在施工期间，也被称"浙江省温州市珊溪水利枢纽工程总指挥部"，总指挥部下设珊溪工程建设指挥部和赵山渡工程建设指挥部。工程时间表为：1996 年，施工场地铺设；1997 年导流洞开工，标志着工程正式施工；1997 年 11 月大江截流成功；2000 年 5 月工程开始蓄水；2000 年 6 月工程机组开始并网发电；2001 年工程主体部分全部建成；2002 年 10 月通过竣工初步验收。整个珊溪水利枢纽工程总共花费 5 年时间，发电工期花费 3.5 年。

整个珊溪水利枢纽工程淹没的影响涉及 3 个县（区、市），其中珊溪水库工程淹没影响涉及文成县、泰顺县两县 14 个乡（镇）80 个行政村，赵山渡引水工程淹没影响涉及瑞安市、文成县 5 个乡镇 20 个行政村。珊溪水利枢纽工程共安置移民 37850 人，涉及温州市 10 个县（市、区）、48 个乡镇（街道）、123 个村（居），1996 年有 419 名坝区移民搬离库区，1997 年 2925 人作为试点移民搬出库区。此后，整个珊溪水库共进行了 4 期移民：第一期移民于 1998 年汛期前迁出库区，共 9638 人；第二期移民于 1999 年 3 月底迁出库区，共 12307 人（其中珊溪库区 11095 人、赵山渡库区 1212 人）；第三期移民于 2000 年 4 月底迁出库区，共 10240 人；第四期移民于 2003 年 12 月迁出库区，共 2321 人。在 4 期移民搬迁完成后，整个工程完成搬迁任务。

珊溪水库移民安置坚持以外迁安置为主、就地安置为辅的安置原则，主要有四种安置模式，即外迁农业安置、就地后靠安置、农转非自谋职业安置和农转非自谋出路安置。虽然是在地区内的搬迁安置，但温州境内地形复杂多变，东部平原与西部山区的经济条件相差较大。东部地区经济发达，人们思想开放、头脑灵活、勇于探索；而西部山区的居民在思想观念和技术方面与之有一定的差距。另外，在风俗习惯等文化层面也存在差异。以语言为例，温州境内方言众多，不同县域之间语言上存在较大差异。像来自泰顺山区的移民讲泰顺方言，类似闽南语，而温州其他地方还有温州话、平阳话、苍南话、蛮话等，迁到其他地区与当地人交流就需要讲普通话。因此，珊溪水库移民要融入安置区"任重而道远"，当然，这也为本书提供了良好的素材。

第二章　异地重生：水库移民
创业的背景

水库移民丧失了生产资源、社会资源，加上陌生的环境，首要解决的便是生产生活的恢复问题（许佳君、余文学，2001）。移民在安置区的生产生活恢复遭遇搬迁安置带来的损耗、陌生环境的制约和自身条件不足方面的困境，还要面对当地人异样的眼光。不过，移民在安置区也面临众多机遇。因此移民在安置区的生产生活恢复既是克服困难的过程，也是把握机遇的过程。一方面，选择创业是恢复生计的路径之一，通过创业可以显著改善经济状况；另一方面，移民后生计出路的拓展可以为创业积累资源，尤其是资金、技术等方面的积累成为创业的关键。

一　移民后生产生活恢复面临的困境

迈克尔·M. 塞尼曾指出非自愿移民面临的八种风险：丧失土地、失去职业、失去房屋、边缘化、食物没有保障、发病率和死亡率上升、失去享有公共财产和服务的权利、社会关系网络解体（塞尼，1996）。外迁水库移民面临全新而又陌生的生产生活环境，特别是温州平原地区以耕地和水面资源为主，缺乏林地和其他资源，移民原有的生产技能并不符合安置区的实际生产需要。同时移民的技能、素质、经济基础和观念等方面的劣势加大了移民生里，还是下雨，上面楼梯还没盖，一家六口人就在这个小地方，吃饭也在这里，睡觉也在这里，我躺在这边，我爸妈躺那边，两个小孩都在这里。（WXC，SM 蔬菜专业合作社负责人）

笔者所调查的大部分珊溪水库移民都表示来到安置区建房之后，补偿资金已经所剩无几，有的甚至还不够建房，不少移民还抱怨起补偿标准低的旧事。显然，经过移民搬迁安置，大部分移民家庭都有不同程度的财产损耗，移民补偿资金无法满足移民在安置区生产生活的需求，尤其是在建房压力下。

（二）陌生环境的制约

虽然是在地区内的搬迁安置，但温州境内地形复杂，东部平原与西部山区的经济条件相差较大。东部平原经济发达，人们的思想开放、头脑灵活、勇于探索；而西部山区的人们在思想观念和技术方面与东部平原的人们有一定差距。安置区与原居住地在生产条件和生产方式上的差异是影响移民生计恢复的重要因素（许佳君、施国庆，2001）。对安置区环境不熟悉，使移民在安置区受雇增收、就业和创业的机会减少，增加了他们陷入贫困的风险。

从生产条件来看，由于温州东部平原以耕地为主，人均耕地在 0.3 ~ 0.7 亩之间，绝大部分移民安置区没有林地和其他土地资源。受自然条件限制，移民到安置区也获得了与当地居民面积相等的耕地，而安置区居民以工业、商贸等非农业经济收入为主体的经济收入结构与移民原来以农、林、牧业为主的经济收入结构形成很大反差。

就生产方式而言，移民原来以种田、经营林木和牧业为主的生产方式及生产技能已不适应安置区生产和经济发展的需求。比如，一些移民在库区时可以到附近的林区打工、伐木、采菇、捡砂等，收入比较理想。而搬迁后，这些得天独厚的条件已不复存在，而他们本身又没有其他技术专长，可想而知他们在安置区的生产恢复会有一定困难。

移民经历了生活空间的转变，在安置区这种新的环境下新生活必然要与记忆中的社会经验发生碰撞，移民会不断为自我身份认同赋予新的意义。同时在搬迁后，他们还会时时思念故乡。费孝通在《乡土中国》中写到，从基层看，中国社会是乡土性的，安土重迁是中国几千年来的传统（费孝通，1998）。这种受传统文化影响而积淀下来的乡土观，在搬迁的冲击下，还是很难轻易改变。2004 年一项珊溪水库移民的抽样调查显示，在搬迁后流露出对故土和以前的生活"很留恋"的情绪的移民占 16.5%，"有点留恋"的占 56.5%，① 可见，移民们存在留恋故土的情结。离开"生于斯，长于斯"的环境，他们不得不放弃原来根深蒂固的观念、熟悉的生产生活方式甚至风俗习惯，而在安置区初期生活上的不适，往往使他们更加怀念故土。

（三）自身条件的不足

珊溪水库移民来自经济不发达的山区，祖祖辈辈以农为本，以土为根，与田为谋，不习惯地域和职业的流动。在"父母在，不远游"和不愿意"背井离乡"的乡土观念的作用下，移民习惯于缓慢的生活节奏，往往意识不到需要创新和改变。而搬迁到东部平原地区后，在科技发展和现代化的生产面前，移民出现了一定的不适应，影响移民在安置区寻找就业机会。

从表 2-2 来看，移民的人力资本存在明显的不足。以文化程度为例，移民户中文盲所占的比例在 10% 以上，而小学文化程度的移民占 40% 以上，可以说水库移民的文化程度偏低。从技术特长来看，有技术特长的移民仅占 10% 多。

---

① 数据源于《市场经济条件下的非自愿人口迁移——温州水库移民安置模式与实践》（内部资料），2005。

遇，移民被贴上"贫穷"、"落后"的标签。这是一种行为上的歧视与偏见，隐含着对移民群体的歧视。在第二个案例中，安置区当地人创办的工厂拒绝使用移民劳动力，这种行为体现出对移民的歧视与偏见。而这种行为的背后，则暗含着对移民群体"懒惰"、"技能差"、"难管理"等歧视与偏见。当然，移民们对行为上的歧视与偏见已经习以为常，大多选择无奈地接受。

（三）因排斥而清晰的移民身份意识

排斥或社会排斥[①]，最早起源于针对大民族完全或部分排斥少数民族的种族歧视和偏见，而这是建立在一个社会有意达成的政策基础之上的（唐钧，2002）。而随着时代发展，社会排斥成为一种排斥与被排斥的动态过程，是造成某些群体缺乏社会支持的根源。社会排斥不仅发生在物质层面，而且拓展到精神心理层面和符号层面（周林刚，2004）。前文提及移民在安置区受到语言和行为上的歧视，是排斥的一种表现，在某种程度上强化了他们的移民身份意识。

林村是一个移民插花安置村，截至 2010 年底，共有 289 户 1153 人，其中移民共有 208 人，原迁移民人口 200 人。这些移民是在 1999 年，因温州兴建珊溪水库从泰顺山区搬迁安置到林村的。在林村的一次选举中，按规定，移民应该跟当地村民一样享有选举权和被选举权，但当地村民却设了两个投票箱——一个是当地村民的，另一个是移民的，他们让移民将选票投进他们的票箱。这引起林村移民极大的不满，尤其是移民代表 WXC 带头反对这种做法，认为国家法律已经明确赋予他们权利。结果招致当地村民报复，WXC 创办的 SM 蔬菜专业合作社使用的正是当地村民的耕地，当地村民抓住耕地是他们的命根子这一心理，强行让其拔掉

[①] 当然，这里的社会排斥主要是指该村的移民群体与当地村民之间的排斥，从整个社会大环境来看，国家和地方政府通过对水库移民进行了后期扶持，构建起关心和支持移民发展的社会氛围。

地里的蔬菜、拆掉大棚。合作社的移民社员自然十分气愤，准备强硬到底，跟当地村民大干一场。作为移民代表的 WXC 深知闹并没有好处，只好忍气吞声拔了一个大棚，后在镇政府的介入下平息了此事。

> 最后没办法，我毕竟是移民。我拔，我自己拔，我宁可吃亏我也拔。后来那天晚上我想回老家，心理烦得不得了，我特别想回去。我跑回老家，我问我的户口可不可以迁回泰顺去，在这个地方真的没法呆。当时真的很气。这个事情闹大起来，对谁都是不好的，我这个人是讲道理的，我都把他们压住，我说没事的，真正亏点我来亏。（WXC，SM 蔬菜专业合作社负责人）

在这个案例中，移民拥有当地户籍，理应与当地村民一样享有选举权与被选举权，结果却被单独撇开，以独立的形式投票选举，实质上没有享有应有的权利。显然，这种做法违反了《中华人民共和国村民委员会自治法》，但是林村当地村民却十分强硬，不惜以威胁的方式来推行该做法。林村当地村民对移民的排斥既表现在行动层面，也体现在观念和精神层面。当地村民排斥移民有两个原因：第一，部分当地村民觉得移民是外来人，不应该享受村里的资源；第二，部分当地村民觉得移民来自贫穷落后的山区，贫穷且素质低，不愿意接纳他们。在当地村民的排斥下，移民清晰地形成"我是移民"的意识，选择了加强在移民群体内部的活动的策略以获得尊重。

由此可见，水库移民在安置区的生产生活中既面临陌生的自然环境，也面临带有异样眼光的社会环境（即当地村民对移民的歧视、偏见和排斥）。当地村民凭借优势占据主动地位，而移民群体往往处于弱势地位。拥有话语权的当地村民可以通过给移民贴标签的方式来行使其权力。这种权力互动格局深刻地影响着移民对当地生活以及与当地村民关系的理解。

三　移民后面临的机遇

　　虽然在安置初期会经历阵痛与利益损失，但从长远来看，移民获得了比在库区时更多的发展机遇。根据《浙江珊溪水利枢纽工程建设征地移民安置工作报告》，珊溪水库移民 1996 年人均纯收入为 1777.50 元，到 2003 年 12 月底，移民人均纯收入为 4851.39 元，是搬迁前的 2.73 倍。虽然移民人均纯收入与当地村民人均纯收入还有一定差距，但与库区相比有了显著提高，而且这种收入增长速度在库区是无法实现的，是这次移民安置给了库区受影响群众快速提高生活水平的大好机会。移民原有的社会关系网络被破坏，但在安置区移民得到重建社会关系网络的机会。而在安置区建构的新的社会关系网络往往要比在库区时的社会关系网络提供的帮助更大，可以摆脱库区社会关系网络中"穷帮穷，越帮越穷"的局面（Wilson，1987；Elliott，1999）。另外，在当地社会中的各种组织采取行动营造出鼓励移民创业的氛围，同时在安置区生活越久，移民也有通过社会交往改善群体关系的机会。

（一）重建社会关系网络的机遇

　　水库移民原先的社会关系网络因搬迁安置被破坏殆尽，除了亲缘关系和同乡人的移民关系之外，他们也有机会在陌生环境中建构新的社会关系网络。[①] 首先，移民安置本身就是一种政府行为，移民们在搬迁安置过程中难免与政府部门打交道，在安置区的生产生活中当地政府部门更是成了移民的依靠。在不断的交往互动中，移民与政府部门的关系逐渐强化进而成为一种新的社会关系网络。其次，在安置村（点）中，移民可以在与当地居民的交往互动中建立新的地缘关系。最后，在安置区的工业区或商业

---

　　① 移民建构新的社会关系网络的策略将在第四章具体分析。

区中，移民有机会结识更多的创业者，拓宽视野。

　　与在库区时同质性较强的社会关系网络相比，移民在安置区重建的社会关系网络具有较强的异质性。这种新的社会关系网络使移民的社会资本总量得以增加，改变了以往社会资本匮乏的状况，有利于移民获得更多的信息和资源，从而有机会获得"质量"更高的工作（赵延东，2002）。当然，社会关系网络是经过主观努力建构出来的，是生产和再生产出来的（刘林平，2001），因此，移民需要付出更多的努力来把握网络、再造机遇。

（二）鼓励移民创业的氛围

　　前面已多次提及水库移民多是从偏远的山区搬迁到安置区，在生产生活方式上与安置区当地居民群体有较大差异，尤其是在思想观念上。在安置区，由于前期的积累，不少移民已接受市场经济竞争的观念，但仍有移民无法摆脱"等、靠、要"的思想，依然过着山区那种慢节奏、悠然自得的生活。但反过来，安置区的生活水平特别是生活成本较高的情况又倒逼着移民从事生产活动来获取生活资源。显然，转变发展观念成为移民在安置区恢复生计的关键。

　　在安置区的生产生活中，安置村（点）、地方政府部门、企业或其他一些组织经常对移民群体进行帮扶，如开展一些培训活动，试图转变他们的思想观念，营造鼓励移民创业的社会氛围。

　　例如，安置区当地政府或一些组织经常举办移民劳动力素质培训，在转变移民思想观念的同时，也增强了移民就业和创业的能力。笔者在温州平阳县调查期间，获得了该县2006～2010年移民劳动力素质培训的资料，并将其整理出来，见表2-3。从表2-3来看，培训的内容涉及种养殖和农业机械的技术培训。这对多是农民出身的水库移民来说，是十分实用的。

表 2 - 3　2006 ~ 2010 年平阳县移民劳动力素质培训情况

时间	培训地点	培训内容	金额（万元）	培训次数及人数（次/人）
2006.2	YJM 淡水鱼养殖场	淡水养殖技术培训	0.50	1/50
2006.4	AJ 镇 HJ 移民村	生猪养殖技术培训	0.50	1/55
2006.11	平阳县 JJ 园艺场	鲜切花培育采摘技术培训	0.70	1/80
2007.6	WA 镇汇村	水稻育秧技术培训	0.50	1/100
2007.11	WSR 养猪场	生猪养殖技术培训	0.40	1/50
2008.4	平阳县 LM 农机专业合作社	水稻育秧技术培训	0.30	1/80
2008.7	AJ 镇 HJ 移民村	生态猪技术培训	0.20	1/70
2009.1	平阳县 WL 淡水养殖合作社	淡水鱼养殖技术培训	0.60	1/50
2009.2	MY 乡 MY 移民村	杨梅栽种技术培训	0.50	1/50
2009.3	MY 乡 SY 移民村	杨梅栽种技术培训	0.60	1/60
2010.3	平阳县 ZN 农机专业合作社	平阳县移民农业机械化培训	0.90	1/150
2010.3	平阳县 SH 园艺有限公司	鲜切花培育采摘技术培训	0.90	1/100
2010.4	平阳县 LM 农机专业合作社	水稻育秧技术培训	0.80	1/120
2010.6	平阳县 HF 杨梅专业合作社	东魁杨梅丰产栽培技术培训	0.80	1/120
2010.7	平阳县 DA 淡水养殖合作社	淡水养殖技术培训	0.50	1/120
合计			8.7	15/1255

　　当然，营造鼓励移民创业的氛围需要一定的载体，而载体作用的发挥离不开激励的存在。许多学者注意到农村致富带头人在引领农民群体发家致富中的作用。在温州做田野调查期间，笔者恰巧赶上温州评比"移民致富带头人"奖励活动。对于举办这次活动的初衷，市移民办的一位负责人说："我们搞这种活动，最重要的是宣传创业致富的理念。有些移民在安置区生活没什么动力，只羡慕当地人发展得好，并没想到自己也是可以致富的。我们通过这种活动，鼓励移民群体去就业、创业。奖励多少并不是最主要的，关键是给他们信心。同样是移民，有的人就能成为致富带头人，那么为什么你就不能呢？"

（三）改善群体关系的机会

互动交往或交往策略是改善群体之间关系的最有效的策略之一（Dovidio and Gaertner，2003）。交往策略理论更是指出，互动交往可以促进不同群体或族群之间偏见与歧视状况的改善（Pettingrew and Troop，2000）。一项关于城市新移民与当地人互动交往的实证研究发现，制度性身份的转换有利于群体关系的改善，而实用性交往是显著改善群体关系的有效策略之一（雷开春，2012）。水库移民与安置区当地居民的交往是建立在户籍制度平等的基础上的，双方以合作、和谐发展为目的，开展实用性互动交往。在章村做田野调查时笔者发现，章村的两类水库移民竟然有着迥然不同的融入情况：外迁而来的珊溪水库移民主动适应当地生活，而本县迁来的挺南水库移民拒绝融入当地生活。

> 我们刚来的时候，和本地人接触不多，就是和我们自己人接触多一些。可住下来我们总要有些事情找村里啊，像开证明啊，一开始和村干部说得多，找他们是天经地义的嘛，再后来搞加工需要多跟其他人联系了，慢慢地就和一些村民熟悉起来了。现在来说，我们跟他们关系很不错的，我们要是有什么事情找他们，他们都会来帮我们，要是他们找我们，我们也愿意帮的，像村里的红白喜事，关系好的我们就参与的。（X某，温州苍南县Q镇章村移民）

> 刚开始他们和我们的生活方式不一样，他们也不怎么适应。他们就经常主动跟我们村里人交流，问这个问那个的，还有家里要是出了一些大事跟我们村商量什么的，这样挺好的，有事就找我们，反正村里也是为了他们好吧，能帮就帮吧。现在移民跟其他村民基本上没什么区别了。可是我们村里另一个本县的挺南水库移民比较麻烦。基本上就是说房子在这里，人不在这里。村里一直想带他们发展，而他们就一

直产生隔阂、产生排斥一样，我们主动跟他们交流都不理我
们的。（Z 某，温州苍南县 Q 镇章村村委会主任）

在章村案例中，珊溪水库移民采取了有效的互动交往行动，
积累了自身发展的社会资本，得到当地村民的信任和支持；而挺
南水库移民拒绝与当地村民交往互动，封闭在移民小圈子内，具
有强烈的故土依恋情结，无法得到当地村民的信任和支持。显然，
移民在安置区虽然面临排斥，但是也有改善群体关系或改变群体
形象的机会，这往往需要移民在适应安置区生活的过程中采取更
加理性的行动。村落环境中的某种需要或压力，迫使移民做出改
变，在这一理性选择的过程中，移民认识到与当地村民交往的利
益，如降低生活成本、获得更多的信息及情感上的慰藉等。当然，
最初移民们采取的是有目的的工具性行动，随着交往的固定和频
率的增加，移民与当地村民之间建立了信任关系，相互交往中有
了关系和人情，情感性行动取代了工具性行动。

四　水库移民生计资本情况及其
对创业的影响

Robert Chamber（1992）在 20 世纪 80 年代首次提出"生计资
本"这一概念，将其界定为有形资本和无形资本；Swift（1989）认
为存在投资、存储和有权要求三种生计资本；Scoones（1989）则将
生计资本划分为自然资本、金融资本、人力资本和社会资本。基于
此，本节从生计资本的五个维度对水库移民创业的影响的角度进行
定量分析，进而厘清影响移民创业的要素。数据来源于课题组在
2010 年 6 月对温州市大中型水库移民生产生活状况进行的大规模问
卷调查。调查采取等距抽样法，具体来说，首先依据温州各县（市、
区）的移民户总数，以 15% 的抽样比例确定各县（市、区）所要抽
取的样本总数，然后请移民办或各安置村（居委会）提供移民户籍
编号，按等距抽样的原则确定具体抽样样本。共发放问卷 1526 份，

回收问卷 1502 份，剔除废卷共获得有效问卷 1494 份，有效回收率达 97.9%。因为是针对水库移民生产生活状况的调查，所以调查内容较为广泛，与本书相关的调查内容主要包括：①自然资本，包括人均耕地面积、耕地质量、人均水域面积和人均山林面积；②物质资本，包括住房情况、家庭财产和基础设施情况；③金融资本，包括家庭收入和融资渠道；④人力资本，包括移民的文化程度和移民户劳动能力；⑤社会资本，包括资金支持网规模、互助支持网规模和情感支持网规模，以及移民与移民及当地居民交往的情况。

此次共抽样调查 1494 户 7516 人，家庭平均规模为 5.0342 人。样本家庭年龄结构为：16 岁以下的占 14.3%，16～60 岁的占 78.4%，60 岁及以上的占 7.3%。样本家庭的文化程度结构为：不识字/文盲者占 17.9%，小学文化程度者占 28.1%，初中文化程度者占 34.4%，高中文化程度者占 13.0%，专科及以上文化程度者占 6.6%。就水库移民创业的情况来说，参与创业的移民户共有 726 户，占总数的 48.6%；而没有创业的移民户有 768 户，占总数的 51.4%。

（一）水库移民生计资本的评估指标及测算

依据 DFID 可持续生计框架中生计资本的五个维度（即自然资本、物质资本、金融资本、人力资本和社会资本），结合国内外学者的相关研究，从水库移民的实际情况出发，本书设计了符合水库移民实际情况的生计资本测量指标。对涉及量化的指标，本书采用极差标准化的方法对数据进行处理，保证数据在 0～1 之间；对难以量化的指标则采用移民户评价的方式获取资料。

（1）自然资本指标。对水库移民来说，耕地是最为重要的自然资源，是他们最基本的保障。在调查中，反映耕地情况的有两个指标——人均耕地面积（N_1）和耕地质量（N_2）。人均耕地面积用量化形式给出，反映占地规模；耕地质量则用移民户评价方式测量，分为 5 个等级并赋值——非常好（1 分）、比较好（0.75 分）、一般（0.50 分）、比较差（0.25 分）和非常差（0 分）。对从山区搬迁出来的移民来说，水域和山林也是重要资源，分别记为人均水域面积（N_3）和人均山林面积（N_4）。

（2）物质资本指标。物质资本是指水库移民进行创业所需要的基础设施和生产资料。考虑到水库移民的实际情况，选取住房情况（M_1）、家庭财产（M_2）和基础设施情况（M_3）三个指标作为物质资本指标。住房情况考虑住房面积和结构。人均住房面积分为5个等级并赋值—— 10平方米以下（0分）、10~20平方米（0.25分）、20~30平方米（0.50分）、30~40平方米（0.75分）和40平方米及以上（1分）；住房结构分为5个等级并赋值——砖混结构（1分）、砖木结构（0.75分）、砖瓦结构（0.50分）、土木结构（0.25分）和其他（0分）。对于移民家庭财产，按照被调查移民户所拥有的自有物质资产占18种自有物质资产的比重测量。若某移民户家庭有1台彩电和1辆手扶拖拉机，则该移民户家庭的自有物质资产指标数值为2/18 = 0.11。对于基础设施情况，则采用利克特5级量表来测量，将移民对基础设施的满意度分为5个等级并赋值，分别为非常满意（1分）、比较满意（0.75分）、一般（0.50分）、比较不满意（0.25分）和非常不满意（0分）。

（3）金融资本指标。金融资本是移民实现创业的金融资源，包括家庭收入（F_1）和融资渠道（F_2）。家庭收入是家庭的各种农业、非农业收入和转移支付收入，如水库移民可享受每年600元的直补资金扶持。作为金融资本的重要组成部分，融资渠道受到社会资本的影响，这里采用满意度做评价标准，采用利克特5级量表来测量，分为5个等级并赋值——非常满意（1分）、比较满意（0.75分）、一般（0.50分）、比较不满意（0.25分）和非常不满意（0分）。

（4）人力资本指标。人力资本是指移民的文化程度、劳动技能、知识储备和健康状况。选取水库移民的文化程度（H_1）和移民户劳动能力（H_2）两个指标。文化程度是量化指标，对其采用极差标准化方法处理。移民户劳动能力根据年龄和健康状况划为7类并赋值——儿童（0分）、工作中的儿童（0.30分）、成人的助手（0.60分）、成年人（1分）、60~80岁的老年人（0.50分）、80岁及以上的老年人（0分）、丧失劳动能力者（0分）。

（5）社会资本指标。社会资本是指移民创业可能会使用的社会资源，包括社会关系网络和信任两大方面。社会关系网络选择资金支持网规模（S_1）、互助支持网规模（S_2）和情感支持网规模（S_3）作为测量指标，可以反映出水库移民在创业过程中获取资源的能力。信任主要从人际交往角度来看，对从异地搬迁而来的水库移民来说，与移民交往情况（S_4）和当地居民交往情况（S_5）是重要的测量指标，采用交往频率测量，分为5个等级并赋值——非常多（1分）、比较多（0.75分）、一般（0.50分）、比较少（0.25分）和非常少（0分）。

目前常见的指标权重确定方法有主观赋值法中的德尔菲法和客观分析法中的层次分析法、直接比较法、神经网络法等。本书采用层次分析法对生计资本各子指标进行赋权。具体来说：一是采用专家打分的方式进行问卷调查，主要将问卷发放到与水库移民研究关系密切的单位，如中国移民研究中心、浙江省水库移民安置办公室、温州市移民安置办公室等单位，共发放25份问卷，回收23份；二是通过问卷调查得到的基础数据来构建两两判断矩阵，从而得出二级指标的权重（结果见表2－4）。

由于在调查时获取的数据具有不同量纲、数量级和变化幅度，因此需要对测量指标进行标准化处理。采用极差标准化方法进行处理，以便对不同类别的生计资本进行对比分析。极差标准化计算公式为：

$$Z_{ij} = \frac{X_{ij} - \min X_{ij}}{\max X_{ij} - \min X_{ij}} \tag{1}$$

表2－4　温州水库移民生计资本测量表

资本类别	测量指标	权重	指标值	计算公式	测算值
自然资本	人均耕地面积（N_1）	0.37	0.180	0.37 × 0.18 + 0.28 × 0.36 + 0.19 × 0.04 + 0.16 × 0.01	0.177
	耕地质量（N_2）	0.28	0.360		
	人均水域面积（N_3）	0.19	0.040		
	人均山林面积（N_4）	0.16	0.010		

资本类别	测量指标	权重	指标值	计算公式	测算值
物质资本	住房情况（M_1）	0.38	0.462	$0.38 \times 0.462 + 0.35 \times 0.513 + 0.27 \times 0.521$	0.496
	家庭财产（M_2）	0.35	0.513		
	基础设施情况（M_3）	0.27	0.521		
金融资本	家庭收入（F_1）	0.51	0.132	$0.51 \times 0.132 + 0.49 \times 0.527$	0.326
	融资渠道（F_2）	0.49	0.527		
人力资本	文化程度（H_1）	0.52	0.621	$0.52 \times 0.621 + 0.48 \times 0.301$	0.467
	移民户劳动能力（H_2）	0.48	0.301		
社会资本	资金支持网规模（S_1）	0.19	0.323	$0.19 \times 0.323 + 0.22 \times 0.423 + 0.17 \times 0.456 + 0.23 \times 0.401 + 0.19 \times 0.302$	0.382
	互助支持网规模（S_2）	0.22	0.423		
	情感支持网规模（S_3）	0.17	0.456		
	与移民交往情况（S_4）	0.23	0.401		
	与当地居民交往情况（S_5）	0.19	0.302		
生计资本总和					1.848

（二）水库移民生计资本对创业影响的分析

1. 变量选择

依据本书的研究需要，水库移民只有创业和不创业两种行为意愿，所以水库移民创业行为构成本书的被解释变量，即因变量。将影响水库移民创业行为的各种影响因素作为解释变量，即自变量。根据上文关于生计资本的理论介绍，可以将五种生计资本作为影响因素进行归类。本着因素重要性、数据可得性的原则，本书选取一些指标用于研究。控制变量有两个，分别是性别和搬迁时间。水库移民搬迁时间是影响移民创业的重要因素，移民搬迁安置的时间越久，创业的机会就会越多。

2. 分析模型的建构

可将本书的因变量——水库移民创业行为——分为两种情况，即创业和不创业。作为二分类变量，可采用二元 Logistic 模型进行分析。

设因变量为 y，取值为 1 = 水库移民创业，取值为 0 = 水库移民不创业。将影响 y 的 n 个自变量分别记为 x_1，x_2，$\cdots$，x_n（$1 \leqslant n \leqslant 16$）。假设输出 $y = 1$ 的概率为 p，表示移民创业的条件概率，而 $y = 0$ 的概率为 $1 - p$，表示移民不创业的概率，它们均是由自变量 x 构成的非线性函数。

$$p_i = \frac{e^{a + \sum_{i=1}^{n} \beta_i x_i}}{1 + e^{a + \sum_{i=1}^{n} \beta_i x_i}} \qquad 1 - p_i = \frac{1}{1 + e^{a + \sum_{i=1}^{n} \beta_i x_i}} \qquad (2)$$

水库移民创业与不创业的发生比为 $\exp(\beta_i)$，是 p 的单调递增函数，为 $p/1 - p$，也可以说，自变量 x 每变化一个单位，移民创业发生比就是变化前比值的倍数。对其进行对数变换，可以得到 Logisitic 回归模型的线性表达式：

$$\ln\left(\frac{p_i}{1 - p_i}\right) = a + \sum_{i=1}^{n} \beta_i x_i \qquad (3)$$

在公式（2）和公式（3）中，a 为回归常数，n 为自变量的个数，其中，β_i（$i = 1, 2, \cdots, n$）为回归系数，表示自变量 x_i 每变化 1 个单位，水库移民创业与不创业的发生比的自然对数值的改变量。模型解释变量的选择及处理说明见表 2 - 5。

表 2 - 5　模型的解释变量及其统计描述

变量名称	变量定义和单位	平均值	标准差
创业（y）	创业 = 1，未创业 = 0	—	—
自然资本			
人均耕地面积（x_1）	调查数据（亩）	0.30	2.53
物质资本			
人均住房面积（x_2）	调查数据（平方米）	42.30	24.21
拥有的自有物质资产（x_3）	调查数据（台/辆）	1.63	1.03
金融资本			
家庭收入（x_4）	2009 年家庭收入（万元）	3.89	5.34
获得金融机构贷款（x_5）	从正规金融机构获贷款（万元）	3.02	2.12

变量名称	变量定义和单位	平均值	标准差
获得私人关系网络借贷（x_6）	从个人关系获借贷（万元）	2.67	2.89
人力资本			
年龄（x_7）	受访者的年龄（岁）	45.78	9.86
文化程度（x_8）	受访者的受教育年限（年）	5.67	3.46
参加技能培训（x_9）	是 =1，否 =0	—	
社会资本			
经常联系的朋友数（x_{10}）	调查数据（个）	3.46	1.21
经常联系的移民亲友数（x_{11}）	调查数据（个）	3.56	1.01
经常联系的当地朋友数（x_{12}）	调查数据（个）	2.01	0.17
在政府机关工作的亲友数（x_{13}）	调查数据（个）	1.03	0.08
在企业工作的朋友数（x_{14}）	调查数据（个）	1.89	0.14
控制变量			
性别（x_{15}）	调查数据（个）	—	
搬迁时间（x_{16}）	调查数据（年）	10.60	4.23

从表 2-4 水库移民生计资本的测算结果我们可以看出，在水库移民的五种生计资本中：①物质资本的值最高，为 0.496，表明在安置区多年的发展，移民在物质资本上有所积累。结合实地调查，在住房面积和结构上移民与当地村民已无差异，家庭自有物质资产条件也已经基本具备，而移民村的后扶项目建设也得到移民较多的认可。②人力资本的值第二高，为 0.467，这说明水库移民在安置区有了一定的发展，这有利于拓展新的收入途径，如开展创业活动。③社会资本的值排序第三，为 0.382，表明社会资本为水库移民的生产生活提供外部支持和帮助。从社会关系网络来看，移民从基于亲缘、地缘的社会关系网络中获得资金、日常互助和情感方面的支持；从信任角度来看，移民多倾向于与移民群体内部成员交往，同时也开始与当地居民交往。④金融资本的值排序第四，其值为 0.326，与社会资本值相差不大，说明通过在安置区多年的发展，移民们获得了一定数量的金融资本。从家庭收

入的值来看，大多数水库移民在安置区开始有了一定的货币资本积累，而且收入也在增加；从融资渠道来看，其值为 0.527，说明移民利用融资渠道融资，并且满意度较高。⑤自然资本的值最低，为 0.177，这与温州地区的自然条件有关，"七山二水一分田"的地形，加上密集的人口，导致人均耕地面积较少。不过从对耕地质量的满意度来看，移民在一定程度上对安置区的耕地质量比较满意，这或许跟移民有被征地的经历有关。

总体来看，水库移民生计资本在安置区得到一定的发展和积累，其中物质资本和人力资本的积累比较显著，社会资本和金融资本也得到发展。生计资本，是水库移民创业的重要条件，对发展机会的获取和把握有着重要影响。

运用二元 Logistic 模型对影响水库移民创业的生计资本因素进行量化分析，得到如表 2-6 所示的估计结果。

表 2-6　模型的估计结果

变量名称	模型一			模型二		
	回归系数	Wald 值	发生比率	回归系数	Wald 值	发生比率
自然资本						
人均耕地面积（x_1）	0.279	0.329	0.821	—	—	—
物质资本						
人均住房面积（x_2）	0.125	0.231	0.636	0.151	0.287	0.678
拥有的自有物质资产（x_3）	0.183	0.129	0.489	0.203	0.212	0.521
金融资本						
家庭收入（x_4）	1.678**	4.213	4.681	1.231**	3.298	3.021
获得金融机构贷款（x_5）	0.263***	0.524	0.651	0.114***	0.431	0.454
获得私人关系网络借贷（x_6）	0.152***	0.318	0.321	0.124***	0.317	0.328

续表

变量名称	模型一			模型二		
	回归系数	Wald 值	发生比率	回归系数	Wald 值	发生比率
人力资本						
年龄（x_7）	0.478**	5.376	1.653	0.493**	5.357	1.539
年龄的平方项	-0.06***	4.326	0.982	-0.06***	4.521	0.986
文化程度（x_8）	0.412**	5.213	0.882	0.389**	5.125	0.912
参加技能培训（x_9）	-0.241	3.251	0.632	—	—	—
社会资本						
经常联系的朋友数（x_{10}）	1.123*	2.346	4.016	1.235*	2.564	4.208
经常联系的移民亲友数（x_{11}）	-0.257	0.241	0.249	—	—	—
经常联系的当地朋友数（x_{12}）	1.267**	1.327	2.742	1.328**	1489	3.224
在政府机关工作的亲友数（x_{13}）	1.056**	1.478	2.125	1.121**	1.549	2.237
在企业工作的朋友数（x_{14}）	1.271***	1.325	2.164	1.301***	1.402	3.267
控制变量						
性别（x_{15}）	0.279	0.329	0.821	—	—	—
搬迁时间（x_{16}）	0.168***	4.325	4.631	0.172***	4.753	4.842
常数项	-123.231***	-112.627***				
卡方值	133.57	141.25				
Nagelkerke R^2	0.391	0.426				

*$p < 0.05$，**$p < 0.01$，***$p < 0.001$。

（1）金融资本的影响。第一，家庭收入对移民创业选择具有显著影响。在两个模型中，该变量通过了 0.01 的显著性水平检验且系数为正，表明在控制其他变量的情形下，家庭纯收入越高的移民越有可能选择创业。对其可能的解释是较好的家庭经济状况可以为移民创业提供资金支持和保障。第二，获得金融机构贷款的数量对移民创业选择具有显著影响。该变量通过了 0.001 的显著性水平检验且系数为正，表明在控制其他变量的情形下，获得金融机构的正规贷款越多，移民创业的可能性越大。可能的解释是，获得金融机构的正规贷款，可以为移民创业提供坚实的资金支持，增强移民选择创业的信心。第三，获得私人关系网络借贷的数量对移民创业选择具有显著影响。该变量通过了 0.001 的显著性水平检验且系数为正，表明在控制其他变量的情形下，获得私人关系网络借贷越多，移民创业的可能性越大。可能的解释是：移民通过私人关系网络获取资金支持，降低了融资成本，增加了创业的可能性，这也印证了社会资本指标中朋友数量对创业选择有显著影响的观点。

（2）人力资本的影响。第一，年龄是影响水库移民创业的重要因素。在两个模型中，水库移民的年龄及其平方项对创业选择有显著影响。年龄变量通过了 0.01 的显著性水平检验，年龄的平方项变量通过了 0.001 的显著性水平检验。不过前者的影响系数为正值，后者的影响系数为负值，呈现倒 U 形曲线，表明水库移民中的中青壮年劳动力更倾向于创业。可将这种现象大致理解为年轻劳动力因受教育程度较高，更有冲劲，往往更偏好自己创业。第二，文化程度是水库移民创业的重要影响因素。在两个模型中，文化程度变量都通过了 0.01 的显著性水平检验且均为正值，说明在控制其他变量的情况下，文化程度越高，越有利于创业。这是因为文化程度较高的移民有较多的知识积累、较广阔的视野，以及较强的接受新鲜事物和创业的能力，这些更有利于创业活动的开展。第三，参加技能培训变量的影响并不显著，说明移民参加劳动技能培训并没有对其创业产生显著影响。在调查中笔者发现，很多水库移民在创业过程中是以"干中学"的学习方式来积累技能知识，这也反映出政府部门举办的移民技能培训存在一定的缺陷。

（3）社会资本的影响。第一，经常联系的朋友数具有显著效应，该变量在两个模型中都通过了 0.05 的显著性水平检验且系数为正，也就是说，水库移民的朋友越多，网络规模越大，其创业的概率也就越大。这也印证了边燕杰关于企业从社会网络脱生的观点，即创业者可以从人际关系网络中了解信息和发展机会、获取资源。第二，经常联系的移民亲友数没有显著影响，这说明移民创业并没有受到移民群体的直接影响，这也跟移民群体是"同是一乡来的"有关，换言之，网络同质性较强没能提供有效帮助。第三，经常联系的当地朋友数对移民创业有显著影响，在两个模型中都通过了 0.01 的显著性水平检验且系数为正，表明与安置区当地朋友的交往对移民创业有帮助。可能的解释是与安置区当地朋友的交往可以扩展社会关系网络，增加网络的异质性，从而可以带来信息、机会等。第四，在政府机关工作的亲友数对移民创业有显著影响。该变量在两个模型中都通过了 0.01 的显著性水平检验且系数为正，这说明在控制其他变量的情况下，移民在政府机关工作的亲友数越多，越利于其创业。原因在于移民在政府机关工作的朋友数越多，获得信息的途径越广泛，同时对创业扶持政策信息的了解也就越深入，进而有利于创业活动的开展。

（4）自然资本和物质资本对水库移民创业的作用比较微弱。在两个模型中，自然资本中的人均耕地面积并没有对移民创业产生显著影响。物质资本中的人均住房面积和拥有的自有物质资产对水库移民创业也没显著影响。

（5）控制变量的影响。性别没有显著影响。不过，水库移民的搬迁时间有显著影响，该变量在两个模型中都通过了 0.001 的显著性水平检验且系数为正，表明在控制其他变量的情况下，搬迁时间越早，移民创业的可能性越大。可能的解释是：搬迁安置的时间越长，移民摆脱搬迁困境的可能性就越大，其在安置区经济恢复的可能性越大，创业的可能性也就越大。

五 小结

以上从历时性的角度叙述了温州水库移民创业的背景。水库移民创业面对移民后生产生活恢复的困境和当地人异样的眼光等不利条件，但也存在发展机遇。

具体来说，首先，搬迁安置导致移民在安置区的生产生活遇到困难，表现在：搬迁安置造成的损耗、陌生环境的制约和移民自身条件的不足。其次，移民作为安置区的"外来者"往往受到当地居民的排斥，表现在"我们"与"他们"的话语建构、行为上的歧视与偏见以及因排斥而清晰的移民身份意识。再次，安置区为移民生计恢复提供了机遇，表现在：重建社会关系网络的机遇、鼓励移民创业的氛围和改善群体关系的机会。最后，通过设计水库移民生计资本评估指标并进行测算，发现水库移民的生计资本在安置区得到一定的发展和积累。就类别而言，物质资本和人力资本的积累比较显著，而社会资本和金融资本也得到发展，自然资本的积累并不显著。水库移民的金融资本、人力资本和社会资本对创业有显著影响。另外，水库移民在安置区生活时间越久，越适应安置区的生活，其创业的可能性越大。就移民的生计恢复而言，创业是一条重要路径，可以改善个人及家庭的生活，同时为其他移民提供发展机会，有利于移民群体的团结以及共同富裕。

第三章 政策支持与移民创业

　　水库移民的创业离不开政府政策的支持。在本章，笔者将就政策对移民创业的支持进行分析，同时描述移民如何通过行动来获取政策支持中的创业资源，并分析政策支持对移民创业产生了怎样的效应。

　　国家政策不仅有计划地改造了乡村社会，而且伴随着这些政策的执行，国家内卷化力量也影响着乡村社会的变迁（杜赞奇，2003）。当然，谁来代表国家是比较含糊的话题，周晓虹认为"国家"是中央政府及其管理者，但是，即使在中国这样经济快速发展的国家中，国家也常常不是一个同质性的实体（周晓虹，2000），也存在不同层级和不同的利益群体。柯武刚、史漫飞认为政府是一种自上而下、有着层级式秩序的组织，其追求一定的集体性目标，并通过合法的政治程序获得授权，在执政时按一定规则运用权力（柯武刚、史漫飞，2000）。在本书中，笔者把以政府权力为基础的行为界定为政策支持的表现，但中央政府与地方政府的性质和行为有很大的不同。因此，对水库移民创业者来说，所面对的是中央政府和地方政府①的政策支持。

---

① 此处参考了周飞舟的分析，地方政府包括省、市、县、乡四级，因为在扶持移民创业的过程中主要是省、市、县与移民发生关系，因此，本书中使用的"地方政府"概念主要是省、市、县三级政府，具体论述时会注明。

一　政策支持

一般认为，政策对创业活动的影响主要通过影响创业环境来完成。政府行为通过两条路径影响创业环境：一是政府行为直接影响创业环境，政府通过履行保护性职能、生产性职能和调节性职能（柯武刚、史漫飞，2000）对创业行动及其外部环境产生影响；二是政府行为间接影响创业环境，主要通过对商务性创业环境和公共性创业环境的影响来间接影响创业环境（宁亮，2009）。对水库移民来说，他们的创业活动受到国家大中型水库移民后期扶持政策的显著影响，同时地方政府也对移民创业予以支持。

（一）国家大中型水库移民后期扶持政策的支持

《国务院关于完善大中型水库移民后期扶持政策的意见》的出台，标志着国家层面的大中型水库移民后期扶持政策登上了历史舞台，给了移民极大的鼓舞，用移民的话来说，"国家没有忘记我们"。在国家权力的介入下，水库移民群体被赋予表征意义（为国家做出了贡献），这给他们带来了重要的现实利益（直补资金和项目扶持）。

1. 国家出台大中型水库移民后期扶持政策的背景

水库移民是一个有着鲜明特征的社会群体，生产条件差，人均耕地少，是我国的弱势群体。调查显示，2004 年全国农村移民人均纯收入为 1557 元，仅为同期全国农民人均纯收入 2936.4 元的53.0%。其中，人均纯收入在 668 元以下的绝对贫困人口有 426.7万人，占农村移民总数的 19.3%，占全国 2610 万农村绝对贫困人口的 16.3%；924 元以下的低收入人口有 1015 万人，占农村移民总数的 45.8%，占全国 7587 万农村低收入人口的 13.4%（许佳君，2008）。

在后期扶持政策出台前几年，以经济问题为中心引发的移民群体性事件呈上升趋势，有的一度引起局部混乱，严重干扰了当地政府和人民群众正常的生产生活秩序。水库移民集体越级上访及群体性事件频发，并由零散抗争发展到有组织的群体性抗争，规模越来越大，严重影响了社会稳定，造成极坏的社会影响。加之国内外敌对势力和一些别有用心的人暗中插手移民事务，使水库移民问题复杂化。如果不能建立解决移民问题的长效机制，即便地方政府每年花费大量精力和经费，花钱买稳定，也难以摆脱"大闹大解决，小闹小解决，不闹不解决"的被动局面。只有适应新的形势，主动调整移民后期扶持政策，促进移民经济发展，提高移民的生产生活水平，从根本上为解决移民问题创造条件，才能有效避免移民群体性事件的发生。例如，1997 年，南方某县3000 名移民集体静坐大坝示威 38 天，扬言要"炸坝放水，还我土地"；2000 年，南方某镇水库移民连续 6 次冲击镇政府；2001 年，南方某市电站近万名移民先后 5 次聚众围堵国道和铁路；2002 年，西南某省电站少数"移民骨干"串联 400 多名移民闹事；2003 年，东南某县电站 3000 多名移民聚集工地阻挠工程建设；2004 年，西南某县电站数千名移民聚集工地阻止施工（许佳君，2008）。

中央政府出台大中型水库移民后期扶持政策的目的是通过对纳入扶持范围的移民进行 20 年的扶持，补偿移民们因国家兴建水利工程而造成的损失。同时，在后期扶持中，分阶段解决移民群众的不同问题，首要的是解决移民群众的生产生活问题，最终实现移民工作"搬得起、稳得下、富得起"的目标。通过扶持移民创业，可以有效地让移民以创业带动就业，可以改变个人及家庭生活境况，同时也有益于移民群体走上共同富裕之路。而整个移民群体经济条件的改善，可以加速移民融入安置区的进程，去除移民安置的痕迹，在某种程度上减轻移民的负面情绪，有利于社会和谐稳定。

2. 大中型水库移民后期扶持政策的内容

《国务院关于完善大中型水库移民后期扶持政策的意见》（以下简称《意见》）明确了后期扶持的指导思想和原则，就完善大中型水库移民后期扶持政策给出了详细意见。政策有近期目标和中长期目标：近期目标是解决水库移民的温饱问题，同时解决库区及移民安置区普遍存在的基础设施薄弱的突出难题；中长期目标在于提高水库移民的生产生活水平，通过扶持他们发展，增强他们自我发展的能力，并增加收入，缩小与安置区当地人的差距。

大中型水库的农村移民是后期扶持政策的扶持对象。具体说来，分为现状人口和原迁人口。现状人口指的是在 2006 年 6 月 30 日以前搬迁的库区移民，而原迁人口是在 2006 年 7 月 1 日零时后搬迁的库区移民。在相应的扶持期限内，国家对现状人口一次性核定，不再调整。当然，具体如何执行政策需要各地省级人民政府自行决定，例如对移民人口自然变化情况的处理、水库移民的农转非等。

后期扶持的标准是对纳入扶持范围的移民每人每年给予 600 元现金补贴。

《意见》对扶持期限的划分：对现状人口自 2006 年 7 月 1 日起进行为期 20 年的扶持；对于原迁人口，是在完成搬迁后对纳入扶持范围的移民扶持 20 年，从完成搬迁之日算起。

后期扶持采取直补资金、项目扶持或者二者结合的方式。首先，直补资金能够直接发放到移民个人的应尽量发放到位，以补助移民的生产生活。其次，进行项目扶持的目的在于帮助移民村（点）广大群众克服在生产生活中遇到的困难；当然，具体的实施办法由各级地方政府在征求移民群体意见并结合本地实际的基础上确定。两种扶持方式在实施中都有管理细则，简要说来，直补资金的发放要建立移民个人档案、账户，并确保发放足额、到位；项目扶持需要将项目扶持资金统筹使用，在得到移民村（点）绝大多数移民支持后，才可以确定项目，并保障资金使用安全、公开、透明。

从整个后期扶持政策的内容来看，对不同扶持阶段均明确了扶持重点。首先，通过加大资金投入力度，给予库区和移民安置区重要支持，例如基本口粮田及配套水利设施建设、道路交通等基础设施建设以及环境治理等生态环境保护建设，改善库区和移民安置区的基础条件及移民群体的生存环境。其次，对移民进行补助，并开展移民劳动力素质培训、贴息贷款、资金补助等生产开发项目来增强移民自我发展的能力，使广大移民群体都能从中直接受益。最后，通过后期扶持规划来指导后期扶持的开展，并将其作为国家拨付后期扶持资金和项目的审批、选择的重要依据，同时在直补资金发放和项目扶持的同时制定保障制度，杜绝截留提用，保障移民的合法权利。当然，项目实施中的一些细则也确保了移民群体的参与和监督权利。

（二）地方政府对水库移民创业的支持

本研究地点（温州）是我国市场经济较为发达且私营经济繁荣的区域，产生了国内经济发展的"温州模式"。有学者在对"温州模式"进行解读时，将其发展中的政府行为界定为与计划经济时代相比，只是起促进、辅助、倡导、主持等作用的力量（冯兴元，2001）。在与市场的关系中，政府扮演辅助的监督者角色。

在对水库移民群体的扶持上，温州的地方政府着眼于为移民"造血"，转变之前的"输血"式发展观念。在市场发育较为完善的情况下，地方政府积极为水库移民群体的发展创造条件，尤其是鼓励他们通过创业路径来发家致富。地方政府及其下属职能部门在实践中，通过树立"为移民谋福祉"的理念、出台政策构建扶持移民创业的机制和落实扶持政策的绩效考核来加大对水库移民群体创业的扶持力度。

1. "为移民谋福祉"的理念和政绩

后期扶持政策属国家层面的政策，地方政府自然将其纳入工作规划中。而根据中央对后其扶持政策的部署，省级人民政府可以结合本省的实际情况，制定本省的大中型水库移民后期扶持具体实施办法，在报国务院批准后执行。浙江省出台了《浙江省大中型水库移民后期扶持规划实施管理暂行办法》（浙移领〔2007〕23号），按照中央规定实行直补资金扶持和项目扶持。其中将后期扶持项目按照类别分为三类，分别是基础设施项目、生产开发项目和科技推广项目。而扶持水库移民创业的项目就是生产开发项目和科技推广项目。对生产开发项目可以采取集体项目和扶持到户项目相结合的方式，具体可以采用实物扶持、以奖代补、定额扶持和先建后补等形式；科技推广项目可以将后期扶持资金用于移民技术和技能的培训。

在地方政府看来，对水库移民创业上的扶持不仅是落实"上面"的政策与要求，也是从"为移民谋福祉"理念出发的。树立"为移民谋福祉"的理念，既是对移民群体负责，也是出于对自身工作绩效的考量。

从利益相关者的视角来看，国家兴建水库工程取得了较大的经济效益和社会效益，具体表现在防洪、发电、灌溉等方面。像兴建温州珊溪水库，年可供水量为 13.4 亿立方米，2010 年引用水量 7.3 亿立方米，满足温州市近期、远期用水之需，使供水区内 300 万人受益并治理工业废水和生活污水，提高水质，改善水资源的供给；可新增和改善灌溉面积 99.97 万亩；使飞云江中下游农田和村庄的防洪标准提高到十年一遇，防洪保护农田 17.5 万亩，保护人口 25 万；水电厂为温州电网提供调峰电力 22 万千瓦时。此外，工程建成后还有明显的环境效益，可使供水区河网水质得到改善，将 V 类水提高到 Ⅲ 类水，有益于人民群众身体健康，对航运、水产养殖、旅游、生态环境等也有益。但是对因水库工程建设搬迁安置的移民们来说，他们的利益往往存在受损的情况。根据国家的相关法律，对移民的补偿标准偏低，而移民搬迁安置后面临失去土地、失业、失去家园、边缘化、不断增加的发病率和死亡率、食物没有保障、失去享有公共物品的权益、社会组织结构解体八大风险（塞尼，1996）。因此，从关注水库移民生产生活出发，地方政府期望将后期扶持政策"用足、用好"。

> 当年因为条件有限，补偿费不是很高，移民们牺牲也很大，他们也响应国家的号召。我们也是想根据温州的实际情况，把国家政策用足用好，真正把移民群众的问题解决好。前几年的时候，我们市里移民上访、闹访的特别多，还有跑到天安门上访的。后来经过调研我们发现，扶持移民经济发

展是最重要的，不能让移民光想着过去损失得很多，现在我
们要扶持他们发展。创业致富是很好的路子，通过创业不仅
能带动自己发展，也可以带动其他人甚至整个村子的发展。
我们在实际工作中特别注意对致富带头人的培养。（L 主任，
温州市移民办退休领导）

　　追求政绩最大化是各级政府作为理性人的一般化选择。虽然
扶持移民并没有显著的经济层面的政绩，但是维持移民群体稳定
的政治意义不言而喻。而扶持移民创业，是为移民谋福祉，以创
业带动就业，提高移民的收入水平，同时在很大程度上也可以使
移民群体的不满情绪减少，减轻社会的维稳压力。温州曾一度是
浙江省上访事件最多的地区。真正消除移民上访的出路就在于改
善移民群体的生产生活现状，增加其收入来源，提高其收入，减
少其对社会、政府和移民安置的不满情绪，将注意力转移到经济
发展上。实践证明，通过出台优惠政策扶持移民创业，是有效提
高移民群体收入水平的方式之一，收入水平的提高以及生活现状
的改善都将降低移民群体性事件发生的可能性，例如 2008 年以来，
温州没有发生过水库移民进京、进省的群体性上访事件。因此，
本着为移民谋福祉和响应中央与浙江省移民工作要求的目的，地
方政府积极争取并出台相关扶持移民的优惠政策，而政策的实施
切实为移民群体带来了福祉，收入水平提高的同时也改善了生活
现状，移民群体的满意度上升，社会维稳压力下降。

2. 出台政策构建扶持移民创业的机制

　　制定和出台政策是政府的通常做法，通过出台和实施政策来
实现某一方面的执政目的。自国家层面的后期扶持政策出台后，
地方上掀起了对 2280 多万水库移民进行后期扶持的热潮。① 温州

---

①　当然，在国家大中型水库移民后期扶持政策出台之前，不少地方已有针对某一
　　水库移民群体的后期扶持计划。例如，温州市对温州珊溪水库移民就有一套扶
　　持政策，早于国家的后期扶持政策。

是一个创业活动、金融信贷十分活跃的区域，当地政府在对移民的扶持中巧妙地利用了这一传统，出台了一系列创业扶持政策。笔者梳理了近年来温州市政府发布的关于扶持水库移民创业的相关政策。从表3-1可以看出，温州市政府对移民创业的扶持体现在技术培训、资金贷款支持、税收优惠等方面，要求县级政府出台配套政策并加以落实执行。

表3-1　温州市扶持水库移民创业的相关政策

文件名	文件号	相关内容
《关于切实做好当前移民工作的若干意见》	温政发〔2004〕77号	移民从事个体工商经营或者从事社区居民服务业享受相关优惠；金融信贷部门应按有关信贷政策积极为移民企业融通资金
《关于温州珊溪水利枢纽工程移民后期扶持项目的实施意见》	温政发〔2006〕27号	对移民参加使用技术、就业技术培训给予一定补贴；对移民的创业贷款给予贷款贴息补助
《市委办公室、市政府办公室关于进一步解决大中型水库移民问题的意见》	温委办发〔2009〕144号	县（市、区）政府每年都要安排一定财政预算专项资金，通过以奖代补的方式，用于表彰和补助移民创业致富带头人、种养殖大户、年缴税费超过20万元的移民企业和接纳移民就业人数20人（签订1年以上期限劳动合同并缴纳社会保险费）以上的企业

从扶持珊溪水库移民，到对温州市其他20座大中型水库移民予以后期扶持的实践，温州市政府及各县（市、区）政府在结合国家政策与地方实践的基础上建构起八大机制。[①] 对移民创业来说，涉及资金、技术、劳动力培训等的内容是关乎切身利益的。

水库移民群体往往面临缺少资金的困境，贷款成为创业中面

---

① 详见朱智奇（2011）。八大机制分别指政策帮扶机制、产业引导机制、资源整合机制、信贷支撑机制、结对帮扶机制、典型引领机制、考核监督机制、技能培训机制。

临的一种选择。但是移民往往存在抵押物和信用缺失的情况，导致从正规金融部门获取贷款较为困难。温州各级政府在对移民创业提供资金支持的基础上创新思路，推出移民创业贷款项目，即移民主管部门与银行等金融机构签订合作协议，将后扶资金①定向存储到金融机构，金融机构以移民资金量落实"存贷比"，通过对移民贷款条件进行审核，以抵押或担保等方式发放贷款，移民在贷款利率上可以享受一定的优惠政策。一般来说，这种移民创业贷款的周期短，基本是一年以内，同时贷款的额度往往也较小，是小额贷款的一种延伸。以瑞安农村合作银行为移民群体推出的"安家乐"移民贷款项目为例，其《瑞安农村合作银行"农家乐"移民贷款操作管理与考核办法》详细规定了贷款的目的、借款人的条件、额度与利率，以及银行对该项目的考核与风险控制等内容。

瑞安农村合作银行"安家乐"移民贷款操作管理与考核办法

第一条 "安家乐"移民贷款主要是支持珊溪库区移民的生活、生产、经营等创业贷款，使库区移民尽快融入当地生活、安家乐业，本行努力为移民提供便捷的"绿色通道"和优质的服务，提高移民的融资能力。根据瑞安市移民的实际情况及广大移民的要求，同时为了更好地推行与规范移民贷款，防范风险，经与瑞安市移民办商议，特制定本管理与考核办法。

第二条 本办法中移民贷款主体是指年满18周岁一般不超过60周岁持有"移民证"的珊溪库区移民及移民创办的企业（瑞安市有3500多户移民），从事种植、养殖、经营的珊溪库区及移民创办的企业均是移民贷款的发放对象。

......

---

① 这里的后扶资金指的是温州地方的后扶资金，并不是国家大中型水库移民后期扶持资金。

第四条　移民贷款借款人的条件

（一）借款人属瑞安籍或借款人创办企业注册地在瑞安并在本行开列基本账户；（二）移民贷款的借款人信誉好，产品有市场，发展潜力好，现金流量足，有偿还贷款能力。

第五条　适当放宽贷款担保方式

（一）针对部分移民房产证和土地证未办理的，且无其他抵押物的，确需贷款，小额贷款可采取小额信用贷款或联保贷款方式，额度较大的可采取保证方式；（二）针对部分移民房产建筑面积偏小的情况，适当放宽移民抵押贷款条件，建筑面积在50平方米（含）以上的移民房地产可办理抵押；已有房产证但尚未办理土地证，土地证可允许暂用建房批文代替。

……

第七条　移民贷款一般为流动性资金贷款，期限一般不超过一年，具体根据生产周期确定。

第八条　移民贷款利率按《瑞安农村合作银行利率定价管理办法》及相关规定执行。在同等条件下，移民户贷款按原规定测算后，比同等普通客户利率优惠10%～20%，部分发展潜力好的移民企业及移民户经瑞安市移民办推荐、总行审核同意后，可执行基准利率。

在2012年3月的一次回访中，笔者从相关部门获取了2011年度移民创业贷款的统计数据。从表3-2可以看出，定向存储资金包括市移民办资金、县移民办资金和财政资金，存储资金累计达12290.29万元，而贷款余额为52206.7万元，有6959户移民家庭22203人受益，受益面达到31.3%。从数据看，创业贷款的投资力度较大，受惠面也较为广泛，申请贷款并符合条件的移民都能够获取实实在在的利益。

表 3 – 2　2011 年温州市大中型水库移民创业贷款统计表

合作金融机构	定向存储资金（万元）				贷款余额（万元）	移民总数（人）	受益移民（户）	存贷比	受益面（%）
	市移民办资金	县移民办资金	财政资金	合计					
瓯海农村合作银行	709.23	550.00		1259.23	5956.00	1513	306	475.20	20.00
龙湾信用合作银行	1548.36	608.00		2156.36	6500.00	1983	410	301.00	21.00
乐清农村合作银行			1000.00	1000.00	6887.00	5237	1571	688.70	30.00
瑞安农村合作银行	800.00	2300.00		3100.00	16212.00	2800	715	522.97	26.00
永嘉农村合作银行		350.00		350.00	177.60	83	43	50.70	51.80
平阳农村信用合作联社	500.00	815.50	279.20	1594.70	4784.10	2837	720	300.00	25.38
苍南信用合作联社	1000.00	230.00		1230.00	4600.00	4529	932	374.00	20.60
文成信用合作联社		1100.00	500.00	1600.00	6700.00	2039	1500	418.75	73.57
泰顺农业信用合作联社					390.00	1182	762		64.50
合计	4557.59	5953.50	1779.20	12290.29	52206.70	22203	6959	424.90	31.30

资料来源：2011 年 12 月温州市移民办的统计报表。

　　以上笔者着重描述了当地政府中的市县级政府对移民创业在资金上的支持。另外，还有其他诸如税费优惠、激励机制等方面的扶持举措。例如，对接纳移民就业人数 20 人（签订 1 年以上期限劳动合同并缴纳社会保险费）以上的企业给予一定物质奖励；开展评比"移民致富带头人"活动。其中将"移民致富带头人"界定为在移民创业致富过程中涌现出的勤劳致富并具有一定带头作用的移民。评定的条件为：一是企业法人代表的身份必须是移民；二是遵纪守法、文明从业、具有较强的示范带头作用；三是在自身创业的基础上，结合创业规模、年产值、纳税额、带动移民就业人数、人均增收及影响力等指标进行综合评定。对在年终评比中"移民致富带头人"的获得者给予1万元的物质奖励。

在实践中所建构起来的移民创业扶持机制正是通过出台政策实现的，这也与政府行为分类中的保护性政府行为相似，即由政府颁布、执行相关政策法规以保护与维护个人自由（柯武刚、史漫飞，2000）。

3. 落实扶持政策的绩效考核

在制定政策与执行政策方面，中国的各级政府中往往产生"上有政策、下有对策"的现象，一些基层政府以应付或造假的方式来应对上级的政策要求。周雪光将这种现象界定为"共谋行为"，并归因为近些年来政府的制度设计，尤其是较为集权化的决策制定过程以及激励机制的强化所引发的非预期后果（周雪光，2008）。针对基层政府的这种行为，特别是执行力度不够的问题，温州市政府加强了对这些政策落实情况的考核。

笔者梳理了温州市政府有关水库移民创业扶持政策落实的考核标准，见表3-3。在2010年的考核中，创业扶持政策的落实占11分；2011年的考核更加细致，同时分值上升到16分。由此可见温州市政府对移民创业扶持政策落实情况的重视程度。从对基层的考核来看，也是循着创业扶持政策的思路进行，对移民就业技能培训、移民创业贷款、移民产业基地发展等方面进行考核。

表3-3 2010、2011年温州市有关水库移民创业扶持政策落实的考核标准

考核年份	考核项目	考核内容	考核标准
2010	移民创业致富	加强产业组织和引导，重视产业基地建设；加强移民劳动技能培训；积极探索创新各项有效措施，不断提高移民生活水平；开展或参与移民创业评选活动，宣传和总结创业典型事迹	1. 年新建产值100万元以上的各类产业基地不少于1个，没有新建产业基地扣2分（2分）； 2. 移民参加各类培训占总人数的5%以上，每少0.5个百分点扣1分（2分）； 3. 移民人均年纯收入比上年提高8%以上，每少0.5个百分点扣1分（2分）； 4. 积极组织开展或参与移民创业评选活动，宣传和总结创业典型事迹，按开展或参与情况酌情扣分（2分）

考核年份	考核项目	考核内容	考核标准
2010	政策落实及机制建设	移民创业致富机制建设	根据实际完成情况酌情扣分（3分）
2011	移民就业技能培训项目	开展劳动就业技能培训，使移民增收致富能力不断提高	1. 参训人员应占总移民人数的5%以上，每少1个百分点扣1分（2分）； 2. 没有制订年度培训计划的扣1分（1分）； 3. 年度培训计划不落实的酌情扣分（1分）； 4. 移民人均年纯收入应比上年度提高9%以上，每少1个百分点扣1分（2分）
2011	移民创业贷款项目	积极与农村合作银行等金融机构合作，拓宽移民生产资金来源，支持移民发展生产	1. 小额贷款惠及面应达到12%以上，每少1个百分点扣1分（2分）； 2. 珊溪移民工程小额贷款惠及面应达到20%以上，每少1个百分点扣1分（2分）
	移民产业基地发展项目	积极引导发展一、二、三产业并规模化、集约化经营	1. 新建产值100万元以上的各类产业基地1个以上，未建的扣2分（2分）； 2. 没有支持移民规模化、集约化生产经营的酌情扣分（2分）
	政策落实及机制建设	加强移民创业致富机制建设	移民创业致富机制建设，根据实际完成情况酌情扣分（2分）

针对县级政府职能部门的考核基本上有四个环节：第一，县级政府职能部门根据考核标准梳理汇报材料，并提交给市级政府部门；第二，市级政府部门根据各县级政府职能部门的汇报材料依据考核标准评比打分；第三，市级政府部门实地察看各县级政府职能部门汇报材料中所说的实地的情况，掌握客观、真实的情况；第四，市级政府部门经过征求意见以及公示等程序后，以政府文件的形式公布考核结果，并在年终总结大会上表彰获得"优秀"的单位。笔者梳理了2010、2011年温州市水库移民工作考核

优秀的单位，见表 3 - 4。

表 3 - 4　2010、2011 年温州市水库移民工作考核优秀的单位统计表

考核年份	考核结果	单位
2010	移民工作先进 县级政府	龙湾区人民政府、平阳县人民政府、永嘉县人民政府、乐清市人民政府、瑞安市人民政府
	移民系统考核一等奖	龙湾区移民办、平阳县移民办、苍南县移民办、泰顺县移民办
2011	移民工作先进单位	平阳县移民办、龙湾区移民办、乐清市移民办

这种考核机制本质上就是目标责任制，通过奖励和惩罚来推进目标管理。而目标责任制作为一种实践性制度，在上下级政府权威关系基础上，引入"责任－利益连带"关系，创建政府间竞争的机制，增强了上级政府的社会动员能力，也为地方政府的创新预留了空间（王汉生、王一鸽，2009）。考核机制的构建对移民创业扶持政策的落实起到引导、监督、促进的作用，更为重要的是为水库移民创业带来了实在的利益。

既然国家把扶持水库移民作为符号工程来认识和对待，那么地方政府自然会合乎逻辑地推出大量鼓励水库移民发展的政策和措施，结合地方实际，扶持移民创业成为路径选择。在地方政府的政策宣传引导、项目推进甚至登门指导下，产生了大量的政策资源，而如何获取这些资源成为移民创业者需要思考的问题。

二　移民获取政策支持的行动策略

政府通过出台政策来赋予移民身份新的资源，主要通过给予移民群体在经济发展方面的政策优惠来实现。有学者认为在创业中政府可以帮助企业得到资金、厂房、技术和人员，甚至包括一些政策上的变通，以便企业在体制的挤压中获得生存空间（宋婧、杨善华，2005）。如何获取政策支持成为移民创业的关键，因此本节将阐述移民在创业中获取政策支持的行动策略。

（一）常跑政府部门：获取各种支持

从移民伊始，移民们就与政府部门打交道，而移民们在安置区的生活更是无法离开政府的帮助。政府部门是移民创业者重要的资源来源。对水库移民实行属地化管理，即归安置区当地政府管理。一方面，移居可以享受与当地居民同等的政策待遇；另一方面又因移民主管部门的存在，移民可以享受移民政策。这种"合法性"给予了他们重要支持。

1. 跑向"娘家人"移民主管部门

在移民看来，移民主管部门是他们的"娘家人"，从搬迁、安置到后期扶持，移民打交道最多的就是移民主管部门。"有困难找移民办"成为移民的口头禅，当然，移民主管部门对移民的合理、合法诉求在政策范围和权限范围内都会提供力所能及的帮助。久而久之，移民主管部门与移民形成了良好的关系，双方都有各自的利益诉求：一方面，移民主管部门帮助移民是其工作职责，移民生活水平提高亦是其政绩；另一方面，移民通过移民主管部门可以获得信息资源（如政策类信息资源），可以有效促进自身创业活动的开展。

对乐清 SM 蔬菜专业合作社的负责人 WXC 来说，他们的创业总是无法离开移民办的帮助。WXC 对电脑不是很懂，就经常跑到移民办找 C 主任，在其帮助下找到了合适的种子，像他的基地中种植的西红柿就是在 C 主任的联系下从山东寿光买到的。已经有1000 多亩大棚的他，还想扩大规模，C 主任提醒他 YD 镇有 1000亩的耕地可以流转。在 C 主任领他和其他股东参观考察后，他打算把这些耕地通过乡镇流转过来。有一次向无锡一家企业订钢管做蔬菜大棚的架子，需要通过电子邮件发给对方资料，结果"@"他愣是没打出来，又是打电话到移民办才解决的。现在，他一有空就会跑到移民办，跟每个工作人员聊天、话家常，也喊每个工作人员为老师，在他看来，每个人都比他懂得多，身上有着不同寻常的资源。

因此，在长期的实践中，移民们形成了经常跑向移民主管部门的习惯，有事没事都去移民主管部门"坐一坐"、"聊一聊"，笔者在调查时就遇到几次移民创业者带着笔者去移民主管部门聊天的情况。在他们看来，哪怕是与移民主管部门的工作人员闲聊，也会有所收获。从移民主管部门那儿可以获取对创业有用的信息，而信息对移民创办的企业来说，意味着可以争取到更多的生产要素资源。本着对移民负责、"为移民谋福祉"的工作理念，移民主管部门总是尽可能地帮助移民创业者，做到"情系移民，用心服务"。

2. 到当地其他政府部门"混个脸熟"

水库移民身份给移民提供了在安置区生活的合法依据，即移民和当地居民一样可以享受当地政府部门的各种政策优惠。这种属地管理的政策，给予移民后期扶持政策之外的其他扶持。

> 除了移民部门，其他的就是农业局，没有农业局现在规模发展不起来。去年市里请省农业厅的专家来，给我们培训；还有就是农业局安排人给我们土壤检测，专门把土拿去化验。（WXC，SM 蔬菜专业合作社负责人）

> 当时搞合作社的时候我也不是很懂，没少跑农办和农业局，这材料那材料的，我是农民嘛，搞那些材料费了不少功夫的。不过还好，比搞个企业要轻松多了，不用这税那费的。像我们农机这块，国家补贴是很大的，我们以合作社的名义买能享受更多的扶持呢。（QZY，ZN 农机专业合作社负责人）

> 我这个人的贷款信用很好的，以前每次贷款，跟信用（合作）社的合作都很愉快的，他们也喜欢跟我打交道。我是什么样的人他们心里很清楚的，最主要的还是我经常跑他们那里，贷款手续啊、期限啊、利息啊什么都熟悉，还款很快的，但我利息照样给他们的。现在我跟信用社关系很好的，

今年国家不是银根紧缩嘛，我自己都还是能贷款 100 多万的，也不用移民办给我介绍了。（WSX，QF 种养殖专业合作社负责人）

在上述三个案例中，第一个和第二个创业者从当地的农业部门获得一些支持，而第三个创业者通过自己的努力从信用合作社获得支持。显然，这是因为他们在安置区有合法的居民身份。因此，移民除了以移民身份获得"娘家人"移民主管部门的支持外，在安置区也可以获得当地其他政府部门的支持。移民创业多集中在农业行业，这也与他们在移民前多从事农业生产有关，而每年国家对"三农"的扶持力度逐级加大，作为其中一员的水库移民理所应当地可以享受扶持政策。与其他群体的创业活动相比，移民创业更容易在安置区获得当地的支持，凸显了安置区社会各界对移民群众的帮扶。

3. 与新闻媒体多打交道

借助不同的媒体，尤其是官方媒体①，不仅可以提高企业的知名度、增加美誉度，也可以给企业的经营带来巨大的现实效益。笔者粗略统计了一下，2006 年以来共有 100 多篇报道出现在报纸上，比如《人民日报》、《浙江日报》、《温州日报》、《温州都市报》、《温州晚报》等。2009 年当地的一家日报社报道了 WXC 和他的 SM 蔬菜专业合作社的事迹后，他的合作社逐渐被当地所知，同时他也被塑造成一位移民创业致富的带头人。

我们移民创业致富还是受到政府的关注的，有不少媒体报道宣传过我，乐清的、温州的都报道过。不过，给我带来最大影响的还是第一个 Z 记者，他是第一个来报道我的。在2009 年的时候吧，他根据采访我的内容在《乐清日报》上发

① 这里将新闻媒体也列入政府部门，主要是因为媒体也是被政府"收编"的部门。

了个（篇）文章。可别小看这个（篇）文章，当时给我带来了不少客户，很多客户都是看了那个报道之后来基地找我谈合作的。也算是给我宣传了吧，以前谁知道你的合作社啊？乐清那么多，对吧！到现在，我也一直都很感谢那位 Z 记者。后来他也来过几次，一直都关注我们合作社的发展，今年可能还要再报道我一下哩。（WXC，SM 蔬菜专业合作社负责人）

也有不少其他移民创业者的事迹被媒体宣传报道，引起了人们对他们创业的关注。移民创业者将这些记者当作朋友，经常与其联络，汇报创业进展情况，期望有机会能再上"版面"。还有移民创业者自己整理材料，或自己口述请别人整理相关材料，然后将这些材料以邮寄、传真、电邮的方式发给那些媒体。笔者在田野调查中遇到几次这种情况，受访的移民创业者觉得自己文字水平低，希望笔者能帮他们整理一份材料或写一份材料给相关部门。面对这种"盛情邀请"，笔者顺水推舟，基于对受访者的访谈或按照受访者的要求来整理材料。当然，媒体报道移民创业者的故事也跟移民身上的许多"卖点"有关，比如外来者艰苦奋斗的精神、创业的精神等，通过宣传移民创业者的故事，可以取得普及相关政策知识、营造关心移民的社会氛围、增强移民群体的自我发展意识等效果。

（二）申报扶持项目：获取物质利益

项目扶持对移民创业有重大裨益，尤其是生产开发项目和科技推广项目。具体来说，移民可以获得资金和技能培训方面的支持，进而转化成生产上的技术升级、改造或规模上的扩张。因此，在创业活动中，移民往往热衷于扶持项目的申报。在移民眼中，政府部门掌握着资源，他们可以决定项目的归属、资金的流向、扶持的重点等。

1. "项目 = 资金"的申报逻辑

移民创业者凭借移民身份既可以申报移民后期扶持项目，也可以申报当地其他政府部门的扶持项目。申报扶持项目，最大的作用就在于可以获得资金。移民扶持项目的申报程序是：先由移民创业者以个人或所创办企业组织的名义向县级移民主管部门申报，投资 20 万元以下的项目由县级移民主管部门审核、审批，投资 20 万元以上（含）至 50 万元的项目，可行性研究报告由市级移民主管部门审批，投资达到或超过 50 万元的项目由省级移民主管部门审批，最终下拨移民后期扶持项目资金。下面以笔者获得的移民 JYH 在创办平阳县 JJ 园艺场时的移民后期扶持项目申报为例展现其申报程序。

要求将"平阳县 JJ 园艺场"列入
移民项目扶持的报告

平阳县移民办公室：

　　平阳县 JJ 园艺场 2007 年正式成立，经几年努力，现已流转土地 150 多亩，位于"同三"高速公路和温福铁路之间，结合国家土地流转机制，采用租赁方式落实用地。

　　根据项目计划安排，其中 130 亩架设钢管搭配，开展设施栽培、种植花木品种的鲜切花；20 亩种植城镇绿化苗，以便承接一些绿化工程业务，降低投资风险。该基地总投资 273 万元，年产值 305 万元，种苗栽种 30 万株。花卉生长形势良好，现已开始少量产花。基地职工 15 人，农业技术人员 3 人，辐射带动本村及周边 85 户农户获得经济效益 30 多万元，增加农民收入。

　　由于前期投入资金主要系金融部门贷款和私人借款，资金运转已陷入困境。由于本场系移民参股，没有经济实力，但苦于无资金，特请求移民办能考虑移民重新创业的困难，给予列入移民项目扶持，给予资金和政策上的帮助，我们不胜感激！

平阳县 JJ 园艺场

2009 年 12 月 25 日

关于"平阳县 JJ 园艺场"列入移民项目扶持报告的批复
（平移办〔2009〕40）

JJ 园艺场：

你场关于鲜切花生产基地建设项目可行性研究报告的请示已获悉，经研究批复如下：

一、同意你场鲜切花生产基地建设项目列为 2009 年度移民后期扶持项目，种植规模为 150 亩，种植数量 10 万株；

二、同意给予该项目移民后期扶持资金 7 万元；

三、请认真组织项目建设，落实项目管护主体，并做好项目验收准备工作。

特此批复。

平阳县移民安置办公室

2009 年 12 月 31 日

移民创业者也可以申请当地其他政府部门的扶持项目，因为移民创业多倾向于在农业相关领域，而国家也加大了对农业发展的扶持力度。温州 ZN 农机专业合作社在 2010 年申请并获批平阳县水稻工厂化育秧中心建设项目。项目计划总投资 70 万元，项目资金来源为省补助资金 20 万元，地方投资 50 万元。从实施情况来看，截至 2010 年 8 月 31 日收到省补助资金 15 万元，地方投资由 ZN 农机专业合作社根据项目投资情况陆续投入。另外，发展该项目可以获得每育秧一亩补助 50 元的扶持，其中省级政府补助 40 元/亩，县级政府补助 10 元/亩，而种子可以获得平阳县补助 2.8 万元。2009 年 4 月，移民 WXC 以 SM 蔬菜专业合作社的名义向乐清市农业局申请现代农业生产发展项目，而乐清市农业局又向浙江省农业厅推荐，最终项目获批。该项目共投资 110 万元，建设 300 亩大棚基地。

显然，移民创业者通过申报各种扶持项目获得了资金支持。

一方面，通过申报扶持项目，知晓了项目运作的程序，例如写项目申请书、可行性研究报告论证、初步设计文件、写项目建议书等，积累了相关项目运作经验，为今后的项目申报奠定了基础；另一方面，申报扶持项目可以获得利益。移民创业者意识到项目的重要性，同时也认识到中国特有的关系社会中人情、关系与项目审批的逻辑。

2. 积极申报扶持项目

申报扶持项目能获得诸多好处。尝到甜头的移民创业者清晰地意识到，获得项目对促进自己创业的意义。在理性抉择下，移民创业者在创业的同时，将目光聚焦在如何获取项目上。久而久之，在移民群体中形成了积极申报扶持项目的热潮。例如，ZN 农机专业合作社连续几年获得了扶持项目，在 2009 年申请并获批水稻工厂化育秧中心项目，2010 年申请并获批了粮食烘干中心项目。

> 我现在就是申报项目，具体的生产安排我已经交给其他人。我主要是申请大项目，2009 年的时候申请我们县水稻工厂化育秧中心项目，去年搞的县移民粮食烘干中心项目。申报项目，主要是向国家政策靠齐的，粮食生产要现代化、机械化，我们就是符合这个潮流嘛。从育秧到米加工是一条龙，同时还在一定程度上解决了环境问题。像我们的粮食大部分烘干后都直接拉到国家粮库。（QZY，ZN 农机专业合作社负责人）

中国转型期社会中存在的选择性再分配体系[①]得到延续和强化，国家仍然掌握着丰富的资源。随着国家对农民经济组织的资源投入力度不断加大，一种农业经济中的再分配体系逐渐重建起

[①] 市场经济中的国家依然掌握了丰富的资源，由于此时的国家并不对所有社会成员负有同等的发展责任，所以，它必须将这些资源有选择性地分配给特定的主体，这种再分配被称为"选择性再分配"，实施和再生产这种选择性再分配的制度体系被称为"选择性再分配体系"（熊万胜，2009）。

来（熊万胜，2009）。申报扶持项目，除了创业者及其企业或组织要具备较强的实力外，"送礼式"关系疏通方式和做人情也颇为重要，由此移民建构起一套申报扶持项目的逻辑。当然这种"送礼"，更多的是一种中国社会中普遍存在的礼物馈赠，并不是一种赤裸裸的金钱交易、权钱交易。

> 我就是那一个项目，方方面面的事情多得不得了。这个事情是没有一帆风顺的，你要做项目就给你项目啊？都要通过关系的。你当农办主任，我是和你不熟悉的，然后我跑过来和你讲怎么样怎么样，你会帮我啊？
>
> 去年，我那个小番茄，准备往温州市里面去送，紫色的、黄色的，我们这边的科技部门都知道，都说好。我给某个领导说，你拿去给你部门里面人，分分吃吃看看，尝尝味道怎么样，这是第一个；第二个你也帮我们打打广告，这个东西是某某农业专业合作社生产出来的。那他才知道我这里有这个东西，后来我就把报告写出来送给他。两三万也有，二十来万也有，这就看你的能力了。你能力好就是二十来万，能力差就是三四万。（WXC，SM 蔬菜专业合作社负责人）

在移民们积极"跑项目"的同时，作为项目"发包方"的政府也有自己的考虑。项目化可以说是这种权衡下的一种制度安排，项目发包则是为实现这种制度安排而尝试的具体机制，它所遵循的无疑主要是"自上而下"的控制逻辑（折晓叶、陈婴婴，2011）。为响应国家对移民扶持的要求，地方政府采用项目制来落实国家政策，以加大对移民的扶持力度，"打包"与"发包"成为项目运作的重要形式。

> 我们现在对移民创业的扶持主要还是通过"以奖代补"和"生产项目扶持"的方式。光拨给他们资金是不好的，最好是通过项目，每年移民的企业想上马新项目，可

以向我们打报告申请的，我们会综合考虑项目可行性、资金情况等方面因素后再做批复。批复后，我们会下达资金。项目实施后，我们还要再组织验收。通过这么一个流程，项目资金能够发挥扶持的最大效果。（W 科长，温州平阳县移民办某科长）

在国家扶持移民发展的背景下，移民创业者合理套用政策来申报扶持项目，获取信息、资金、政策和科技等方面的创业资源，客观上促进了创业活动。另外，项目制也在移民群体中普及开来，"有项目就等于有资金"的观念带动移民争先申报扶持项目。当然，就项目扶持来说也有一定缺陷，尤其是生产开发类项目，实施标准和验收程序并没有基础设施类项目清晰、标准、规范，同时扶持资金量也偏小。

（三）当"典型"："名""利"双收

通过树立典型来推进农村发展，是自 1949 年以来中国的一个传统。从我们耳熟能详的小岗村、华西村、南街村，再到新农村建设下的滕头村、江湾村，这些村落都是在权威机构宣传下成名的。因此，典型是权力建构的产物，其出现的过程也展现了权力的实践形态（赵彗星，2007）。移民通过努力取得了一定成绩，在官方视野中往往具有典型意义，可以被当作艰苦奋斗、奋发图强的范本，具有经验借鉴和示范作用。典型身份与实际利益发生联系，客观上典型身份就会变成一种资源配置手段，"诱之以利"，即谁当上典型，谁就有可能获得许多好处（冯士政，2003）。因此，移民创业者往往希望成为"典型"，这不仅是"有面子"的，也是有"好处"的。

1. 树立移民典型的活动

移民创业者能够成为典型，也跟移民群体的特殊性有关。一是移民群体作为后来者，受到种种因素的制约，其后发性发展体现了个人的品质、意志——往往是那些踏实肯干、吃苦耐劳、勤勤恳恳的移民创业者在艰苦创业后会取得成绩——其创业精神值得嘉奖和鼓励；二是移民创业者的创业致富事迹可以为当地其他移民提供借鉴经验，激发其他移民的创业激情。这种"树典型"的核心就是选取人民群众在日常生活中十分熟悉的个人、组织、行为或话语，然后对其进行重新再定义、诠释和解读，并将其升华为符合政治权威意愿的意识形态符号，用以表达各项方针政策的内涵和期望（冯士政，2003）。

移民 JYH 及其创办的平阳县 SH 园艺有限公司，因出色的创业成绩被政府树立为典型。公司自创办以来，先后被授予"平阳县农业龙头企业"、"WQ 镇青年创业就业示范基地"、"平阳县 2009 年移民工作先进集体"等荣誉称号，而创办者 JYH 获得的个人荣誉有"温州市 2010 年度移民创业致富带头人"、"平阳县 2010 年度移民创业致富带头人"。

领导视察是确立典型的方式之一，某单位有领导"视察"就意味着该单位作为"典型"被肯定（苗春凤，2009）。笔者根据相关资料统计出近几年浙江省各层级领导/部门到 SH 园艺有限公司视察的情况，见表 3－5。从中可以看出，到 SH 园艺有限公司视察的部门是省、市、县的一些相关职能部门，主要视察公司的经营情况。各层级领导/部门的频繁视察给公司带来了较大的声誉，通过电视、报纸、网络等媒体的进一步宣传，该公司被当作典型。

表 3－5　近几年各层级领导/部门到 SH 园艺有限公司视察情况

视察时间	视察领导/部门	视察内容
2010 年 7 月	平阳县副县长	视察花卉基地建设情况
2010 年 10 月	浙江省林业厅厅长	调研 SH 园艺有限公司的鲜花种植情况
2010 年 12 月	温州团市委	考察农村青年创业成功情况
2011 年 3 月	温州市移民办	参观花卉基地，调研移民创业致富情况
2011 年 4 月	温州市移民系统	走访 SH 园艺有限公司
2011 年 6 月	浙江省移民办	视察 SH 园艺有限公司的发展运行情况

> 这几年，来我们村和我这花卉基地里考察的人可不少呢，还有林业厅的领导来视察过。领导来视察，我们也挺高兴的，说明别人认可我们的成绩嘛。应该说，领导来视察，也是对我和公司的一些鼓励，包括村里，以前我们村哪有人来啊，现在你看就不一样了吧。(JYH，SH 园艺有限公司负责人)

其间也有一个小插曲。以前县林业局对 JYH 的花卉基地不是很重视，后来，浙江省林业厅厅长来平阳视察 JYH 的花卉基地，并在温州市和平阳县的领导面前赞赏该基地。后来，该厅长在全省林业系统开会的时候多次夸奖平阳县 JYH 的花卉基地，参会的平阳县林业局领导觉得脸上颇有为光。从此之后，县林业局便开始真正重视起这个基地，不断给予相关支持。

JYH 经营的公司固然有一定成绩，但如果没有政府部门的运作，其典型性也就无从谈起。政府不同层级的领导或部门根据自身需要，确定主题，然后通过领导视察、媒体宣传等方式树立典型，进而扩大典型的影响。因此，在创业者与政府部门的互动过程中，创业者被塑造成典型样板是权力的体现。

2. 当"典型"的显著效果

典型往往会被给予特别优待，具体表现在权力、物质和声望等多种形式上（冯士政，2003）。与成为典型伴随而来的便是"资源"：一类是无形资源，例如名誉与声望的提高、人脉的拓展等；另一类是有形资源，即外在利益，例如项目的获得、资金的补助等。这两类资源在现实中为移民创业者的创业带来显性的优势。

> 要说领导来视察也不是没有好处，可以扩大我们公司的名声呢，领导一来再加上媒体一报道，变相地给我们公司宣传了一下，也算是打广告啦。还有就是有些事好办了，来考察的多了，认识的人也跟着多了起来。以前我可是不大认识谁的，现在有的时候我去县里一些机关办事，我一说是 SH 公司的 JYH，他们会说，"哦，你就是 JYH 啊，请坐请坐……"

对我客气着呢。以前贷款的时候额度比较小，也比较麻烦，前段时间去镇里的信用社办的时候，有我们 S 镇长给我担保的，很快就审批了，我贷了 50 万。当然，我在他们那里信用也非常好的，他们很信任我。（JYH，SH 园艺有限公司负责人）

这种无形资源能给公司带来便利，笔者在调查过程中也亲身经历了一次。那天笔者跟随 JYH 去镇农村信用合作联社还贷款，信用合作联社的工作人员告诉他平阳县出台了一个文件，可以对符合一定条件的农业企业还贷贴息，以他的这些条件如果套用这个政策，可以减少 1 万多元的利息，让他去相关部门签字盖章。JYH 十分感谢信用合作联社的工作人员，之后带着笔者去县里签字盖章。从报账程序来看，要跑林业局、农办、财政局签字。JYH 先到林业局签字。在林业局，JYH 受到一位科长的热情招待，两人关系很好，JYH 顺利拿到了林业局的签字和盖章。正值午饭时间，JYH 便邀人吃饭，打电话请来 WQ 工业区管委会的一位主任和审计局的一位副局长。席间笔者得知，那位主任是一名注册会计师，经常对公司的财务进行指导，而那位副局长则经常帮助 JYH，特别是向相关部门反映 JYH 遇到的问题。记得那位副局长对 JYH 说了一句话："如果遇到什么困难了直接给我提出来，如果我解决不了，我向 Z 县长反映，一定要提。"饭后，笔者跟随 JYH 去其他部门顺利完成了报账手续。笔者向他感叹其人脉广，他谦虚地表示，自己的发展也要靠大家的提携。

有形资源是那些能为移民创业者及其公司发展注入资本的外在显性的利益，主要表现为移民创业者可以获得的资金补助和实际帮助。在调研过程中，JYH 给笔者展示 2010 年度优秀移民企业奖补资金申请表，见表 3-6。2010 年 11 月 23 日 JYH 向县移民办提出申请，而这一申请获批后公司获得 2 万元的花卉基地建设补助资金，以奖代补的项目规模为鲜花种植地 100 亩。总的来说，单从移民"娘家"移民办，汇村的花卉公司近年来就获得近 15 万元的扶持资金。

表 3 – 6　SH 园艺有限公司的优秀移民企业奖补资金申请表

单位名称	平阳县 SH 园艺有限公司	单位性质	股份合作制
地点	WQ 镇平阳县汇村		
法人代表	JYH	联系方式	138××××××××
项目实施情况	平阳县 SH 园艺有限公司基地坐落于 WQ 镇 SDW 村和 WQP 村，两处基地面积 150 亩。通过近两年的努力，SH 园艺有限公司搭建钢管大棚 100 亩，并配套浇灌设施，从外地引进鲜切花品种 12 种，以农民投资入股的方式投入资金 273 万元，月产鲜切花 68 万只，年增加收入 60 万元，可安排当地农民就地就业 50 多人，并带动周边农民仿效，增加农民收入。		
村居推荐意见	同意上报　2010. 11. 23	汇村村委会（盖章）	
乡镇推荐意见	同意上报　2010. 11. 23	WQ 镇人民政府（盖章）	
县移民办意见			

在 2010 年 2 月的时候，JYH 的花卉基地遇到了罕见的大雪，压塌了基地里的 8 个大棚。大棚内的天堂鸟、荷兰菊等在低于 15℃的环境下无法存活，虽然工人们在大棚内燃烧炭火用以保温和融雪，但也造成损失 40 多万元。WQ 镇相关领导获悉后邀请一些花卉种植专家来帮助 JYH 寻找应对办法，县移民办也派人慰问，并让 JYH 打报告申请大中型水库移民后期扶持应急资金。

总之，在创业实践中，移民以常跑政府部门、申报扶持项目和当"典型"的方式可以获取政策支持。国家对移民发展的物质资源投入力度越来越大，对移民创业的扶持力度也越来越大，移民创业者对政策支持的依赖性不断增强。因此，在创业的不同发展阶段，移民创业者如何获取政策支持成为做好经营业务之外更为重要的创业行动。

三　政策支持移民创业的效应

白威廉和麦谊生提出，中国在向市场经济转型的过程中，出现了政治市场关系，主要有三种形式，即是工人与干部的关系、地方与中央的关系、企业与政府主管部门的关系。由于这些政治市场关系影响着资源的分配，进而影响经济市场的运作过程，所以政治权力在市场转型过程中将不会贬值，政治权力在经济回报上将会持续保持优势（参见林克雷、陈建利，2005）。因此，政治权力（集中在政府部门手中）对资源配置的影响导致创业者对政府部门产生了强烈的资源依赖。在萨缪尔森、诺德豪斯（1999）看来，政府行为的效应指涉的是政府行为对其他经济主体（一般是企业或者个人）产生的一种外部影响，而这种影响给该经济主体带来了两个结果：一是强征造成不可补偿的成本；二是给予了无须补偿的收益。与国家宏观层面的经济发展政策或促进创业的政策相比，对水库移民群体的扶持政策仅是较小的一方面，但也在移民群体中产生了一定的效应。

（一）移民踊跃创业的局面

地方政府为落实国家扶持移民的政策，出台扶持移民创业政策的目的在于激发水库移民创业的热情，转变移民发展观念，提高移民收入水平，改善移民生产生活现状。近年来，温州市不断出台优惠政策，加上各县（市、区）的配套政策，已初步形成一套成熟的政策体系。在创业政策的鼓励下，移民创业者日渐增多。

> 现在我们移民们营造了你追我赶、齐头并进的创业氛围。比如说前段时间我们合作社中的几个社员家里装修房子，开始你家里安装了个太阳能热水器和空调，我看见你安了我也赶紧想办法弄一个，自己就算是借钱也要弄上，大家都有相互比较的心理。还有就是，房子弄好了大家要办上梁酒，看看谁的排场大。创业也是同样的道理，他看见你在发展，富起来了，你这个搞得比较赚钱，他也很可能要跟着来了。现在我们县里没有不知道我搞合作社的，所以这两年，我们县里的合作社是遍地开花啊。那天我去移民办，好像我们移民的合作社就

有几十个了。这就是效应啊，也是好事嘛。（QZY，ZN农机专业合作社负责人）

截至2011年6月，温州地区由水库移民创办或参与创办的专业合作社有62家，① 除洞头外，其余10个县（市、区）均有专业合作社。这62家移民专业合作社注册资金达到5536.94万元，经营范围涉及种养殖以及农产品的初级加工、农机服务、餐饮服务等行业，共解决了4810名水库移民的就业问题。温州市水库移民专业合作社2010年的年产值达到13289.14万元。从移民收入来看，经过扶持后，移民的收入也的确有了增长。例如，2010年6月，笔者跟随课题组开展的温州市水库移民生产生活现状抽样调查显示，移民的人均年收入从2005年的3614元增长到2010年的7736元，增幅高于安置区平均水平。可见，政策支持确实激发了移民创业的热情，温州各地的移民致富带头人、上规模的企业或经济组织不断涌现。

（二）"货真价实"的扶持

从政策支持中，移民获得了重要的创业资源，尤其是创业资金，2006~2010年，温州市移民创业贷款项目累计向移民发放10亿多元资金，惠及18%的珊溪移民户。在田野调查期间，笔者得到了一份温州瑞安农村合作银行东山支行渔港分理处关于移民贷款的统计清单，而该分理处是温州地区创业贷款贷出最多的点之一。以XC镇塍村为例，该村共有移民519人，而申请移民创业贷款的有16人，见表3-7。16人申领移民创业贷款，占全村总人口的3%。贷款基本上被用于生意上的周转，村内有不少人家在水产城做水产批发生意。

---

① 数据来源于温州市移民办在2011年6月对全市移民专业合作社的摸底调查，笔者根据调查数据剔除了一些非专业合作社，详见附录二。

表 3 - 7　温州瑞安 XC 镇塍村移民贷款统计表

客户名称	贷款（元）	担保方式	贷款发放日期	贷款到期日期
WLH	6505	普通保证	2010. 9. 28	2011. 5. 20
DZD	100000	普通保证	2011. 3. 11	2011. 9. 10
WQP	100000	普通保证	2011. 8. 25	2011. 9. 13
LJP	10000	普通保证	2011. 3. 31	2011. 9. 30
LDK	15000	抵押	2011. 4. 25	2011. 10. 20
LYL	28000	抵押	2011. 3. 15	2011. 11. 20
LQM	100000	普通保证	2011. 5. 18	2011. 11. 16
DSL	650000	抵押	2011. 2. 11	2011. 10. 15
LFK	120000	抵押	2011. 3. 22	2011. 9. 21
CYH	45000	抵押	2011. 2. 12	2011. 11. 15
WLH	12000	抵押	2011. 1. 18	2012. 1. 10
CCH	40000	抵押	2011. 4. 27	2011. 12. 20
ZSZ	60000	抵押	2011. 5. 9	2012. 2. 5
LSJ	30000	抵押	2011. 2. 11	2012. 2. 11
WXW	27000	抵押	2011. 5. 20	2012. 3. 15
CCY	100000	抵押	2011. 1. 5	2011. 3. 4

　　以表 3 - 7 中的 DSL 来说，2011 年他申请贷款 65 万元。42岁的他在水产城从事辣螺批发，如今他已是温州最大的辣螺批发商。生意越做越大，对资金的需求量也越来越大。充足的资金可以保障进货量与存货量，待到销售旺季能大展身手。DSL 每年通过移民创业贷款项目，以抵押的方式加上信用的积累，获得的贷款额度要比一般移民高很多。这样一方面可以解决资金缺口问题，另一方面还能享受移民贷款利率比同等条件利率优惠 10% ~20% 的待遇。同村的 LQM 目前已有两家小企业，一家生产电风扇罩，另一家生产汽车电器，两家企业年产值有 1600 多万元。他也是每年都会通过瑞安农村合作银行申请移民贷款，2011 年获得 10 万元贷款用于资金周转。

（三）助长了移民的"抱怨"心理

政策支持移民创业产生了正效应，但也有负效应。这种负效应主要表现为移民对扶持力度不够的"抱怨"，总觉得扶持力度不够，不能达到自己想要的效果。仍以移民创业贷款项目为例，该项目本质上是一种普惠性小额贷款，额度低但受惠面较广，一些需要大额贷款的移民无法从中得到满足。

> 小伙子，你来调研的，能不能向上反映反映啊？现在我们缺资金啊，这个资金可不是小额资金了，要大额的，至少也要二百万以上吧。要是有了资金，我立马能扩大规模，不出一年就能还上贷款。你说这一两万的小额贷款在我们这些人手里根本就看不到啊，现在吃顿饭都要两三千哦。（WSX，QF种养殖专业合作社负责人）

> 说心里话，政府对我们的扶持是可以的，要是没有他们的帮忙，我的大棚基底也不会有这个规模。不过，我总觉得扶持的力度还是可以再大一点，我现在不像起步的时候啦，几万块钱的贷款对我来说根本就没什么用了。要是能贷给我500万就好了，我保证一年就能还上。我现在已经上规模了啊，小打小闹的没什么用哦。（WXC，SM蔬菜专业合作社负责人）

对一些已经创业成功并发展起来的移民来说，他们往往会抱怨扶持力度不够，诸如资金、场地等方面需要的资金得不到满足。这也确实成为移民后期扶持中的一个"幸福烦恼"。扶持移民致富带头人或者上规模的移民企业，能显著地带动当地移民就业、创业，增加收入。不过，受制于移民扶持资金的性质和后期扶持政策实施管理办法，对移民创业的扶持并不能将有限的资金集中到小部分移民中。普惠式扶持有利于移民群体整体受益，避免小部分人受益，也避免了移民对后期扶持政策实施不公平、不公正的看法，消除了隐患，降低了社会稳定风险。

四 小结

本章就水库移民创业中得到的政策支持进行了分析。移民在创业过程中建构出获取政策支持的行动策略；而政策对移民创业的支持也取得了一定的效应。

具体来说，政策支持给予水库移民群体发展的条件，尤其是鼓励通过创业来发家致富。首先，国家大中型水库移民后期扶持政策的出台与实施给予移民创业重要支持；其次，地方政府通过出台政策也加强了对移民创业的支持，表现为"为移民谋福祉"的理念和政绩、出台政策构建扶持移民创业的机制和落实扶持政策的绩效考核。

面对政策支持，移民创业者形成了获取政策支持的行动策略。首先，常跑政府部门获取支持。在"娘家人"移民主管部门可以得到支持，同时按照属地管理的原则，移民也可以从当地其他政府部门得到创业支持；其次，通过扶持项目的申报与运作，移民创业者可以获得资金、科技和政策等方面的创业资源，这激发了移民创业者积极"跑项目"的热情；最后，通过与政府部门互动，在政府权力的塑造下成为发展"典型"，可以为移民创业者带来项目、声望、名誉等方面的创业资源。

政策支持移民创业产生了一定的效应：第一，出现了移民踊跃创业的局面，温州各地的移民致富带头人、上规模的企业或经济组织不断涌现，移民的收入也确实有了增长；第二，移民得到"货真价实"的扶持，尤其是获得了重要的创业资源，即创业资金；第三，政策支持也助长了移民的"抱怨"心理，比如因贷款的受惠面广而导致对移民创业者个体的支持力度有限。

总之，在国家后期扶持的大背景下，移民创业者充分利用"我是移民"的优势从政策支持中获取创业资源，最终将这些资源运用到创业中，进而促进了创业活动的开展。

第四章　社会环境支持与移民创业

　　水库移民安土重迁，从熟悉的生活与生产环境迁移到不熟悉、不了解甚至十分陌生的环境。在这一搬迁安置过程中，移民不仅仅要进行生产与生活方面的适应，更重要的是要进行心理上的转变及适应，融入当地面临较大的挑战。针对水库移民的社会适应，已有学者进行了研究。如：许佳君、施国庆以迁入浙江的三峡外迁移民为例进行分析，认为外迁移民虽然与原住地居民同属于一个业缘群体，但由于心理感受反差大、思乡情结难解、对新环境缺乏认同，因此，移民与安置区原有社区尚未融合为统一的、完整的地缘群体（许佳君、施国庆，2001）。风笑天对江苏、浙江2个省6个县343户三峡外迁农村移民的调查发现，安置区政府和居民对移民的接纳状况，是影响移民适应状况的最重要的因素（风笑天，2006）；同时，移民在安置区的人际交往，无论是移民之间的交往，还是移民与当地居民之间的交往，都会大大提高移民融入当地社会的程度（风笑天，2008）。程瑜以白村为例，分析了白村三峡移民在广东的适应情况，主要从移民村落的权力博弈、移民村的经济生活、移民村的文化调适、妇女生活与儿童、移民适应和发展等方面进行了分析（程瑜，2006）。

　　移民创业者既受到安置区自然环境的影响，也受到安置区社会环境中诸多因素的影响，因此，移民在创业过程中建构起相应的资源获取行动。本章将围绕来自社会环境的支持、获取社会环境支持的行动策略以及社会环境支持移民创业的效应进行分析。

一　来自社会环境的支持

水库移民群体的创业总是在特定的社会环境中进行的。他们的搬迁地点大都是平原地区，地理位置优越、交通条件好、经济基础好，加上温州东部地区市场经济发达、商业文化浓厚，移民有较多的创业机遇。

（一）具有经商传统的区域文化

区域文化是某个特定区域在长期发展中，由一些具有鲜明地域特征的精神层面的特质叠加在一起逐渐形成的，或者是由类似的文化特性构成一个文化丛，与别的文化丛相区别，如通常所说的吴越文化、齐鲁文化、巴蜀文化、燕赵文化、闽粤文化。这些特质包括语言（方言）、风俗、观念、行为模式等，需要在地域中长期保持稳定。温州区域文化源于历史和现实的合力，这种合力的最终结果是生长出让世人瞩目的"温州模式"（史晋川，2002）。

1. 冒险与进取的海洋文化传统

从地理位置上看，温州位于浙南沿海，同福建接壤，"七山二水一分田"的地形导致当地土地资源极为贫乏，不能满足百姓的生存需求，因此，只能向海洋索要生存资源。历史上，瓯越人素有造船航海的传统，加上温州控山带海，绵长的海岸线上有许多适宜泊舟的港湾。便利的海上交通条件促进了温州商业的繁荣（史晋川，2002）。也正是因为依赖海洋生存的方式，使温州区域内没有形成封建社会中占据主流的农耕文化，而是形成了以海洋为载体的海洋商业文明。历史上，闽南人为生存曾大规模移民温州，将他们的冒险精神带到了温州。移居后，依然恶劣的自然条件使他们在本具有经商传统的温州继续从事海外贸易。即使在明朝海禁时期，不少温州人仍为巨额商业利益驱使不惜冒砍头风险继续从事海上走私贸易。

区域和自然特征造就了温州人偏爱海洋的特性，并将海洋当作生存与发展的舞台。向海洋获取生存与发展的资源在当时技术落后的情况下面临较大的风险，这种社会生产实践塑造了他们的冒险和进取精神。

2. "功利主义"商业文化传统

温州地区有着"重商"、"功利"的区域文化传统。在中国封建社会中，儒家文化占据绝对统治地位。儒家文化建立在小农经济基础上，具有罕言利、重义轻利、重农轻商的特点，从而在某种程度上抑制了商品经济的发展。而温州地区工商业繁荣，偏居东南一隅，受中央政府控制较少，加上具有沿海港口优势，对外开放较早。在商品经济发展和外界文明的双重影响下，温州较早地突破了封闭观念体系的束缚，促进了开放型思维方式的发展，逐步形成了一种有别于传统儒家文化、独特的区域商业文化——"瓯越文化"（张仁寿、李虹，1990）。

温州浓厚商业文化传统的灵魂就在于"永嘉学派"。早在800年前，有着鲜明"事功"色彩的永嘉学派由其代表人物叶适完成了理论建构。其三大思想哺育了温州商人：第一，提倡有利于国计民生的功利之学，注重经世致用，反对空谈义理，脱离实际。第二，"抑末厚本"，在承认农业生产具有重要性的同时，也大力扶持发展工商业、手工业，"通商惠工"，增加社会财富，为民造福。第三，强调"道"存在于事物之中，"物之所在，道则在焉"；"道"不能离物，人们需要详尽地考察各种客观事物，反对因循守旧，提倡改革创新。（张仁涛、李虹，1990）永嘉学派的上述思想赋予了温州人勇于经商的理性。

3. "走四方"的经商精神

与内陆平原地区传统文化中"安土重迁"、"父母在，不远游"的观念不同，闽南"海滨之民，惟利是视，走死地如鹜"。为了追逐商业利益，闽南人义无反顾，到处漂泊，甚至漂洋过海求生存。而温州人相比闽南人则有过之而无不及，温州人历来就有漂泊在外做生意的习惯。宋朝时，外出经商的温州人就将瓷器生意做到了临安（今杭州）。至今，温州民间仍有很多描述温州人外出经商的谚语，"桥头生意郎，挑担奔四方"、"高山峡谷有小城，有城就有温州人"。自 1978 年以来，温州人走南闯北，走向全国各地，可谓"哪里有商机，哪里就有温州人"。近年来，温州人在全国掀起了炒房热、炒煤热、炒黄金热，甚至 2011 年因民间融资引发金融崩盘，可以说只要能快速赚钱的领域都有温州人的身影。

历史上瓯越文明中的"农商文化"和永嘉学派的重商主义以及经世致用的价值观对温州经商文化产生了重要影响。温州偏居东南一隅，人多地少，自然资源匮乏，交通闭塞，国家投资少，这些条件造就了温州人自力更生、自主创业、艰苦奋斗、精于计算的精神（任伯强等，2008）。深受永嘉学派事功观、功利观影响和熏陶的温州人一直唯实、崇实、务实，敢闯、敢冒险，敢为人先，敢吃第一口，敢走第一步，敢闯第一门，最终达到成功的目的。这种"敢为天下先"的开拓精神让温州人自 1978 年以来创造出了众多中国"第一"。例如，1984 年苍南县农民自己建设的龙港镇，是中国第一座农民城；1986 年，以杨嘉兴为首的 8 人，集资32 万元，创办了鹿城城市信用合作社，是 1949 年以来中国第一家私人性质的银行；1987 年，温州市委、市政府投入资金建设了温州机场，是中国第一个以地方集资为主修建的机场；1991 年，龙港农民王均瑶承包了长沙到温州的航线，开创了私人承包航线的先河。

（二）安置区较好的基础设施条件

珊溪水库的文成、泰顺两县地处温州西部山区，工业基础比较薄弱，由于地理位置偏僻、交通闭塞等原因，经济发展滞后。这也导致当地基础设施和社区服务设施标准普遍偏低，与东部安置区存在明显差距。

珊溪水利枢纽工程移民主要被安置在温州东部地区的三县（平阳、苍南、永嘉）、二市（瑞安、乐清）、三区（鹿城、瓯海、龙湾）沿海平原，这些地区气候温和、雨量充沛、土地肥沃、灌溉设施完善，绝大部分农田都是高产、稳产农田，亩产为 800～1000 公斤，人均耕地在 0.3～0.7 亩之间。通过投入资金，移民安置村（点）的基础设施建设和生产设施条件都得到了加强与改善。例如，所有移民安置村（点）都建了与外部相通的道路，70% 的移民安置村（点）还铺上了水泥路。同时，移民也可以使用当地社会福利设施、享受医疗卫生服务等，例如所有移民安置村（点）都有电视、电话等通信设施。移民与当地村民享有同等权利并履行相应的义务，例如移民的子女可以在安置村（点）所在行政村上学。

以珊溪水库的外迁农业安置移民为例，他们中有 88% 的人到了东部平原地区，与库区多山、多丘陵的地形相比，东部安置区多平原、河道纵横的地形的优越性十分明显。而且移民还得到了不低于安置区村（点）村民耕地标准的耕地面积，甚至在龙湾、瓯海、瑞安、平阳、苍南、乐清、永嘉 7 个县（市、区），移民人均耕地面积还多于当地村民的人均耕地面积。

（三）安置区较好的经济条件

移民安置村（点）大都在县（市、区）近郊，有的甚至就在经济开发区，几乎所有移民安置村（点）都已具城镇化雏形，村办企业、私人办企业星罗棋布，街巷里弄的居民家庭几乎都是小型企业和作坊。这些构成了良好的移民创业的外部社会经济条件。

如表 4-1 所示，在 1995 年到 2003 年的移民搬迁安置阶段，珊溪水库安置村（点）的移民家庭在劳动工作安排上发生了重要变化，表现为移民减少了在农业方面的工作时间，从事非农方面的工作时间明显增加。1997 年是一个重要的时间节点。在 1997 年以前，移民从事农业生产的时间虽然有所减少，但在家庭工时中所占比例下降幅度很小；在 1997 年以后，移民从事农业生产的时间大幅减少，尤其是在 1997～2000 年。其原因在于这四年是珊溪水库移民动迁的高峰期，大量库区农民迁往经济发达的东部安置

区，生产生活方面发生了相应变化，移民具备了从事非农生产的
条件。因此，原先以农为生的工作安排渐渐转向了以非农产业为
主的工作安排，如来料加工、商业、运输和打工等。

表 4 - 1　1995～2003 年珊溪水库移民样本户的家庭工时构成表

单位:%

年份	农业	二、三产业	来料加工	运输	商业	打工	其他
1995	70.1	10.3	1.1	2.4	3.1	11.0	2.2
1996	68.4	10.6	1.3	2.4	3.5	12.4	1.2
1997	60.3	9.7	3.8	5.4	5.5	13.4	1.9
1998	48.6	12.4	6.4	6.3	8.4	15.2	2.7
1999	40.8	13.9	8.5	7.6	9.6	18.6	1.0
2000	23.5	14.5	14.2	8.3	12.0	25.4	2.1
2001	17.2	16.7	15.7	9.2	12.6	26.4	2.2
2002	13.2	19.4	13.5	7.2	13.4	27.6	3.2
2003	11.3	19.4	13.4	10.6	14.5	28.1	2.5

　　资料来源:《浙江温州珊溪水利枢纽工程移民监测评估报告》(1997 年 3 月到 2004
年 3 月)。

　　注:因最后一次监测时间是在 2004 年，所以无法得到当年的数据。同时，因工程
上马建设需要可行性研究资料，所以把监测前的 1995 年和 1996 年数据也包括在内。

　　从表 4 - 2 可以看出，1995～2003 年，外迁的珊溪水库移民家
庭的收入结构与搬迁安置前相比有明显的变化。总体来看，农业
方面的收入所占比重显著下降，而打工、商业、房租等方面的收
入呈现上升趋势。

表 4 - 2　1995～2003 年珊溪水库移民样本户的家庭收入构成表

单位:%，元/人·年

年份	农业	二、三产业	打工	商业	建筑	运输	房租	其他	纯收入
1995	32.8	18.6	20.8	13.9	8.6	3.9	0	1.4	1777.5
1996	30.4	17.3	21.5	14.1	8.7	4.0	0	4.0	2056
1997	20.9	10.5	41.0	19.5	2.1	2.4	2.2	1.4	2358

年份	农业	二、三产业	打工	商业	建筑	运输	房租	其他	纯收入
1998	15.6	10.6	41.2	21.1	2.0	3.1	5.1	1.3	2600
1999	12.0	10.2	42.1	22.3	2.5	3.8	5.6	1.5	3549
2000	7.3	10.6	41.4	23.4	2.4	4.6	6.2	4.1	3853
2001	6.4	11.3	42.3	24.6	2.1	4.0	6.5	2.8	4021
2002	5.2	12.4	41.2	25.7	2.1	5.1	7.1	1.3	4332
2003	3.8	12.8	40.0	26.1	2.3	5.5	5.1	4.4	4851

资料来源：《浙江温州珊溪水利枢纽工程移民监测评估报告》（1997 年 3 月到 2004 年 3 月）。

从珊溪水库移民搬迁前后生活环境的对比中可明显看出，移民面临较多的发展机遇。珊溪水库淹没影响涉及位于温州市的文成、泰顺两县，两县由于自然环境的制约，是国家级重点贫困县，居民收入较低。而温州东部地区移民安置村（点）的基础设施较为完善，经济条件较好，务工机会较多，劳动力短缺，有拥有土地流转机会或发展非农产业潜力和实力的集镇或建制镇，这些都使水库移民群体有更多的选择。

二 获取社会环境支持的行动策略

与农民工群体相比，水库移民群体虽然也是迁移而来，也遇到歧视、排斥等情况，但是这种移民身份却给予他们在安置区生活的合法性，即移民可以与当地居民一样平等地享有各项权利并承担相应的义务。在实践中，移民创业者形成了积极实践、模仿学习和拓展社会关系网络的行动策略，从而获取社会环境支持。

（一）积极实践：区域文化熏陶

前文提及移民搬迁到温州东部发达地区不仅面临居住地的改变，也在精神上受到冲击与洗礼。其实受区域文化影响，移民在创业前、创业中总能体现出一些温州典型的地域特质，并且将创业精神外化到自己的创业行动中。在创业中，移民往往是在积极实践的方式中体会与领悟到区域文化的真谛的。

1. 积极当"老板"

在温州区域经商文化的熏陶下，一代又一代的温州人勇于创业，以积累财富成为富人为荣，在民间也形成了一种普遍渴望"财富"的价值观。温州人吃苦耐劳、善于利用各种资源，希望以经济上的成功来获得社会对个人的认可，因此，经商当老板的思想深深地扎根于温州的草根阶层（张一力等，2012）。而这种精神层面的潜移默化往往通过价值判断和内驱力对人们的选择行为产生指向性影响，尤其是创业与竞争的市场意识对移民创业行动的指向产生了积极影响。

> 我在库区的时候就务农啊，打工啊，平时也做一些小买卖到处跑跑什么的。可能是受家里的影响，我哥哥他们在意大利做生意，已经在那儿定居了。（哥哥）移民后，我就一心想着做生意，不然靠种地那可怎么活啊？我最开始干服装加工，后来被水淹了，破产了。我就联系附近的厂子去做工了，做了一两个月，我实在受不了了，说真的，不是我阿玖不能吃苦，是我真的不愿意这样漫无目地地干下去了。我要好好想想以后该怎么办。（阿玖，平阳 TS 竹制品厂的老板）

从这个案例可以看出，在家族经商意识的影响下，移民走上了创业之路，尽管遭受过挫折仍不改继续创业当"老板"的信念。温州的区域文化使温州人颇具做生意的天赋并深得经商经营之道。在这种区域文化潜移默化的影响下，移民的观念也悄然发生了变化，不少移民经商意识日渐浓厚，走上创业"当老板"的道路，在逐渐摸索中体会当地竞争环境下的经商意识，并灵活地做出改变。

2. 积极开拓进取

温州人在创业中往往不满足于现状，总是不断地寻求扩张、扩张、再扩张，具有不断开拓的精神。移民创业者在创业中也领悟到这种不断进取、不断开拓的精神。

汇村的经济精英 JYH 从一个默默无闻的水库移民成长为一个县级农业龙头企业的领导人，企业年产值达 1000 万元。起初他建设了一个花卉基地从事花卉种植，第一号花卉基地经营成功，产品供不应求。经过几年的积累，JYH 不仅有了几十万元的积蓄，居住的房屋也从 1 层盖到了 4 层，购置了汽车。JYH 并没有满足于现状，而是寻求扩大规模。"花卉的市场潜力巨大啊，你只要生产出来了市场立马就能消化，商机很大的。" JYH 意识到不仅要再建一个基地，也需要创建一种正规的组织形式。在花卉、苗木种植与经营中最常见的组织形式就是园艺场。2007 年，JYH 以 30 万元的注册资金创建平阳县 JJ 园艺场，并在 WQP 村和 YS 村集中流转了 100 亩耕地，将其用于第二号花卉基地建设。JYH 开始引进销路好、效益高的新品种，如非洲菊、天堂鸟等，同时经营鲜切花配叶、绿化苗木，开展野生花卉驯化等业务。园艺场运营成功后，JYH 发现园艺场的经营形式有局限性，不如公司形式拓展业务的效果好。随后，他在征得几位合伙人同意后，成立了 SH 园艺有限公司。在获得资金支持之后，又着手建设第三号花卉基地。

从移民 JYH 的创业案例中可以看出，他不断探索、开拓进取，才有机会实现自己的人生价值，体现了温州人的勇闯、开拓精神。当然，与其他温州人较大规模的扩张相比，他的创业是循序渐进式的。移民创业者在不断奋进中有意识地、主动地渐进式学习（黄志坚，2007），不断探索总结技术和管理经验，提高创业能力，也将区域文化中的经商意识和经营理念贯穿到创业活动中。

3. 积极创新与竞争

温州的区域文化培育了温州人敢于竞争和善于创新的企业家精神，同时促进了企业家才能的养成（张一力等，2012）。移民创业者在安置区深得区域文化的要领，虽然会面临安置区当地人的排斥，但仍然积极参与当地竞争，并在创业中发挥个人能动性，积极创新。

我们最不同的地方就是技术。从机器入手，机器只有6台是买来的，其他都是我自己做的。我2007年去欧洲的时候，看到奥地利人做的筷子，款式都是他们设计的。我就买来研究，看看做这样的筷子需要什么样的机器，这样的工序要怎样能够做出来，要自己动脑筋。技术在中国筷子业，算是一流的，而且产品环保。可以说是"新、精、尖"：新，就是款式花样新；精，就是精致；尖，就是别人做不到的我做到了。（阿玖，平阳TS竹制品厂的老板）

种植类想很赚钱的话，第一个要很有经济头脑，没有经济头脑，你一年就像俗话说的"碌碌无为"，一年就像打工一样。这个经济头脑呢主要还是种的品种啊。像今年CS那边的西红柿是很有名气的，前几年我们的西红柿拉到HQ去，他们的价格就高，我们的价格也高。今年我这个西红柿在HQ，我的就比他高两毛，为什么？就是说明品种关系嘛！我这个品种生产出来的番茄不大不小，又很重，三个几乎就是一斤，形状很好，亮度和口感都很好，谁不买我的那个西红柿呢？他们的西红柿拿过去今天卖不掉，明天就软绵绵了，我的西红柿生产出来，放个十天半个月都没问题，这个就是品种关系。（WXC，SM蔬菜专业合作社负责人）

在第一个案例中，阿玖通过自己的努力，钻研出了一套国内领先的生产工艺，并成功地获取市场份额；在第二个案例中，移民WXC在安置区的市场竞争中意识到品种选择的重要性，并寻找办法取得竞争优势。"人习机巧"用于形容温州人聪明、机敏，善于学习。而对移民创业者来说，本来就与安置区当地创业者在技术、经验、视野上存在差距，再加上移民搬迁安置的损耗，他们往往需要付出更多的努力。在区域文化的影响和形塑下，移民创业者深得经商的精髓，用创业来努力地实现自己当"老板"的梦想。

（二）模仿学习：抓住创业机遇

温州平原地带交通、经济等方面的条件显然要优于库区。安置区的优势条件构成了移民创业者的创业环境，特别是企业所处的社会化服务环境、产业环境、人力资源环境和社会文化环境等（顾桥，2003）。一般认为，创业者所创办的企业必须适应基本的外部环境条件，尤其是产业条件、技术条件、经验等。面对这些外部环境条件，移民创业者往往以模仿学习的方式来适应并抓住其中的创业机遇。

1. 产业集群的创业吸引

温州地区的珊溪水库移民安置区有良好的区位优势和产业环境，对移民创业者来说，这种产业集群为移民创业提供了机遇。产业集群是产业发展演化过程中形成的一种地缘现象，指在竞争与合作的特定领域，彼此有关联的公司、服务供应商、专业化供应商和此类产业的工厂以及政府与其他机构的地理聚集体（Porter，1998）。区域内的关联主体频繁地进行社会交往，在市场信息、人才信息和技术信息等方面进行交流，形成了一张复杂、庞大的社会关系网。对产业集群内的移民创业者而言，重要的是如何将安置区产业集群背景下的各种知识、信息、经验转化为创业机会并加以利用，实现创业机会价值的最大化。

笔者调查的那些从事加工业或制造业的移民创业者的公司或组织大都位于交通便利的工业园区。例如，XCE，晨光集团 LM 厂和平阳 YM 机械模具厂老板，他所在的平阳县 XJ 镇是国内第一大塑编行业生产基地，XJ 工业区的支柱产业便是塑编业；YCF，浙江 MJ 建筑五金有限公司法人代表，他所在的瑞安市 TS 镇也是我国五金行业生产基地；ZLK，苍南 ZY 无纺布袋厂和 ZY 箱包公司法人代表，他所在的苍南县 LG 镇是我国第一礼品城，以生产无纺布和箱包闻名。安置区的区位优势和产业条件使移民创业者捕捉到了创业机会。特别是在一些工业基础较好和产业优势突出的地区，移民创业者更容易融入当地的经济发展中。

> 我们 XJ 镇，是著名的塑编行业的生产基地。这里交通各方面的条件就不用说了，很好的。厂子很多，小作坊也很多。我当时就觉得搞厂房出租是一个好机会，他们本地人很多都是这样搞的，我这也是入乡随俗吧。破产后，我又觉得还是搞生产踏实，就跟 XJ 镇的那些企业一样，搞塑编的生产加工。（XCE，晨光集团 LM 厂和平阳 YM 机械模具厂老板）

> 安置来 TS 镇来还是很好的。大家都知道 TS 镇可是我们瑞安的一个工业重镇，工业特别发达。这一带的交通很好，高速就在这边上穿过，还有要是纳入政府扶持的范围，企业还能有不少优惠呢。可以说，TS 镇的经济条件是很好的，我们这些移民来到这里要是不大干一场，可是辜负了政府对我们的好意。（YCF，浙江 MJ 建筑五金有限公司法人代表）

许多学者根据组织生态学对环境因素的强调重构了创业研究的经典议题，例如企业空间所处位置和地理集群的重要性（奥尔德里奇，2009）。Sorenson、Audia 认为结构上相似的组织密集地局部集中将使该地区潜在创业者（企业家）的数量增加，增大创办新企业的概率（Sorenson and Audia，2000）。移民创业者在创业过程中显然认识到安置区的区位条件优势，往往会选择与安置区产业相一致的项目，一方面有现成的模板可以模仿学习，另一方面也可以降低创业风险，借助产业条件节约交易成本。当然，产业集群背景与创业之间的关联是一个复杂的议题。这里，笔者试图探讨的是安置区产业集群背景中的一些要素为移民创业提供了便利，而前述几个案例也印证了这一点。

2. 创业榜样的成功经验

在与移民交往的当地人中，既有当地居民、政府官员、外来租房或务工人员，也有私营企业主。移民创业者通过与这些人交流，不仅可以获得所需的创业机遇和信息，也能彼此交换思维，得到难以通过直接观察或媒介资料得到的创业所需的隐性经验。

ZLK 在创办 ZY 无纺布袋厂之前并没有想过创业的事情。但是在 2008 年初参加一次移民创业恳谈会后，萌生了创业的想法。在那次恳谈会中，苍南县企业家协会、苍南县多家礼品加工公司负责人讲述了他们的致富经验和创业故事，并对市场进行了详细分析。

> 搬迁到 LG 镇，当时也考虑到这边厂子多，机会也多。但我一来到这里倒没有想过创业。后来一次偶然的机会，参加一个创业恳谈会，听说了几个本地企业家奋斗的故事，参加会议的很多企业家也和我们大家一样，草根，也是靠着自己的努力成为各自行业内的领军人物，我很受鼓舞，觉得自己也应该像他们一样努力成功。我们 LG 镇都是做无纺布啊、箱包加工行业的，所以我也跟着人家做这些。一开始的时候也是小作坊一样，生产出来了就到礼品城里去推销，慢慢地订单多了，我就成立了一个公司。（ZLK，苍南 ZY 无纺布袋厂和 ZY 箱包公司法人代表）

与以前库区安逸、平静的生活相比，在经济较为发达的安置区，移民感受到的是快节奏、繁忙的生活，特别是这里遍地都是工厂、企业，使移民可以编织自己的创业梦想。另外，在与安置区当地居民接触的过程中，移民们开阔了视野，尤其是安置区许多创业成功者的创业故事深深地打动了移民，激发了他们创业的欲望。

3. 边干边学的"土专家"

创新往往基于学习（伯尔纳等，2001）。Malerba 将学习分为五种类型，即边干边学、搜索学习、科学学习、边使用边学习、知识外溢学习（Malerba，1992）。对多是农民出身的移民创业者来说，生产技术或生产工艺成为创业成功的一个关键要素。而他们往往通过边干边学的方式，从实践中摸索经验，逐渐成长为"土专家"。以汇村经济精英 JYH 为例，他从一个默默无名的小包工头成长为一个种花的"土专家"。

没有一点专业知识的 JYH，多半是靠自学，一边种花一边摸索。通过多年的实践，逐渐掌握了种植的要领和技巧。如今他不仅知晓如何防治病虫害，而且创造出一些"土"的技术来应对各种天气条件。例如，花卉基地内的塑料大棚上的塑料薄膜可以伸缩，台风来时，马上可以撤出大棚上的塑料薄膜；遇到强降雨时，基地内修建的排水系统可以快速将雨水汇流排出。他还掌握了节气与花卉生长的特点，例如在端午节前后大棚上的塑料薄膜就要撤下来，而在"十一"以后天气转凉再重新铺上塑料薄膜。每逢引进新品种，他都亲自试种，每天悉心观察，掌握细微变化，等试种成功积累了经验后，再将其大面积推广。

有些技术可以通过自己摸索掌握，但是一些专业性技术往往需要业内人士指导。例如，病虫害是花卉种植面临的最大难题，而这方面知识的专业性太强，往往要请外面的专家来指导。"出现病虫害，是疏忽不得的。这些花可是很娇贵，一点小毛病可能就枯了。一般都是请专家，像县里的、市里的，有的时候情况紧急了也会请昆明、上海的专家飞过来救救急。不过依赖专家成本太高了啊。我慢慢地就摸索出来一点经验了，玫瑰上的小虫什么的，打药、灭虫灯怎么搞都明白了。我现在遇到一般的病虫害，自己都能配药哩！我会了就教基地里其他人怎么弄，他们几个都是我带出来的。"（JYH，SH 园艺有限公司负责人）

在他的创业经历中，种花技能的掌握主要是通过边干边学，路径见图 4-1。这种边干边学的方式是一种有意识的、主动的、渐进式的学习方式。"土专家"们采用这种学习方式，不断探索和总结技术经验，提高管理能力，产业规模扩大了，对其他农户的示范与带头作用增强了。

在模仿学习中，移民创业者不仅能通过自学获取显性知识（如创业的产业条件、区位优势等），而且能感悟到显性知识下

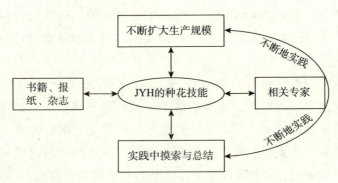

图 4 –1　汇村种花"土专家"的成长路径

更深层次的隐性经验（如创业成功者的奋斗经验），并对其进行再加工和创造，识别和把握创业机遇，同时抓住安置区的一些优势条件，努力提高专业技术水平，在"干中学"中成为各自领域的"土专家"。

（三）拓展社会关系网络：积极互动交往

强社会纽带的封闭性，有可能会阻碍群体内成员的进一步发展，一些在创业初期有很大帮助的社会关系，在创业或事业发展到一定阶段的时候，有可能造成一定的阻碍（Portes，1998）。随着移民创业的深入，原有的社会关系网络开始显现出弊端，拓展社会关系网络成为重要任务。石秀印曾将社会关系网络比喻为问题情境中的首选通道和资源通道，社会关系网络的建构能力成为私营企业主成功的关键因素之一（石秀印，1998）。存在多样化的网络关系，例如，与处在不同社会位置和具有不同维度特征的人联系，是获得更广泛的关于市场、新企业的位置、创新、资本来源以及潜在投资者信息的途径（奥尔德里奇，2009）。那些明白个人处境的处于创业初期的创业者能够通过行动提高他们的网络地位（Aldrich and Zimmer，1986）。再加上移民后移民们也有重建社会关系网络的机遇，因此，拓展社会关系网络成为移民创业者获取资源的一个策略。

1. 与当地村落建立关系，获取生产要素

对创业者来说，生产要素是创业的重要保障，比如，场地、生产设备、劳动力等。在安置区，移民创业者要想获得这些生产要素，就需要走出原有网络，建立一种"关系链"，突出社会关系网络的异质性，使自我与他人之间的联系不断增强。

对在农业相关领域从事创业活动的移民来说，土地是不可或缺的生产要素。在农村农地产权制度下，土地流转是获取土地的重要方式，而土地的流转便离不开安置村（点）的支持。一般做法是，移民创业者通过与村内生产小队队长谈好，由该队长出面与小队成员协商，然后双方签订租田协议，经过村委会认可，在镇政府备案、公示后，正式生效；或者是与租田者谈好直接签订协议。安置区当地村民绝大多数倾向于将耕地流转出去，在他们看来，种地利润低，又苦又累又脏，甚至也没有"前（钱）途"。移民创业者抓住他们的这一心理，通过当地村干部和部分村民去动员，这种行动策略恰好把握住了村民与移民的利益平衡点。

租田协议

甲方：汇村 XNL、MXQ、LHY 等农户（以下简称甲方）

乙方：承包人（JYH）（以下简称乙方）

兹有甲方 SQ 镇汇村 XNL、MXQ、LHY 等农户将坐落在 SQ 镇 SL 村的 65 亩原承包田，转包给 JYH 种植花木所用，现经甲、乙双方协商，就有关事宜达成如下协议：

1. 甲方将原承包田转包给乙方，时间为期 10 年（2003 ～ 2013 年）；

2. 价值为每亩每年 200 元，于春耕前付给；

3. 乙方在租用期限内土地如果被开发利用，乙方应该将土地退出给甲方征用；

4. 乙方租用期限满后，如果继续租用，有关事宜另行协议，如果没有继续租用，应将土地平整后归还给甲方；

5. 此协议一式叁份，甲、乙双方各执一份，公正方存一份。

甲方　　　　　　　　乙方

公正方

2003 年 2 月 11 日

对于在加工业相关领域从事创业活动的移民来说，厂房成为最重要的生产要素。在中国目前的土地制度下，以移民创业者的创业规模来说，要想获得工业用地，难度可想而知，因此，从安置村（点）获取宅基地进而改造成厂房便成为变通的办法。

> 2008 年初的时候，我觉得要扩大厂子的规模，就得找个像模像样的地方，不能再跟作坊一样了。因为我们找个村子离 XJ 工业区很近，我想着能不能去找个工业区的厂房，我当时想得太天真了，工业区的那些企业，门槛很高。后来，我看着村子里有当时预留的宅基地，移民的时候有一些移民放弃了没有移到这个村子里来。我就去找村里谈，能不能把这些宅基地卖给我，反正这也是我们移民的。村支书是支持的，但这块地比较复杂，好像所有权又在县政府那里什么的，我就跟着他到处跑，吃饭啊，请客啊，送东西啊，一样也没少，不过钱不是最主要的，只要办成事就行，四个宅基地我花了几十万元。不过建的时候，我还是以普通民居建的。（阿玖，平阳 TS 竹制品厂的老板）

由上面的案例可知，阿玖以变通的方式获得了宅基地，不过前提也是建立在与安置村互动的基础上，尤其是得到了村落中权力精英的支持。林南认为联系链越长、关系越弱，拓展了不是以自我为网络中心的领域的资源范围。由于获取和使用的嵌入网络中的资源存在于网络的外缘，这样长链条就可能变得有用了（林南，2001）。对移民创业者来说，要不断寻求与村落内其他人建立关系链，这种关系链有一种积极的促进功能。

2. 寻找更多的订单，获取生产效益

获取订单是企业产品销售的重要环节。一般认为，大批量的订单不仅可以使企业节省经济成本，也可以使采购方降低采购成本，让交易双方实现双赢。特别是对刚起步的企业来说，产品积压影响企业的资金流动，而现金流恰恰又是微小企业运转的关键，因此，能否获取订单关系到企业的命运。

对在农业相关领域创业的移民来说，他们寻找订单的方式更为直接，往往亲自上门销售。例如，移民 JYH 在创业初期就带着自己的产品跑到瑞安和温州市区的许多花店去推销，让那些花店试卖，如果产品畅销，就可以建立合作关系。他觉得自己的产品并不差，与上海和昆明的产品一样有竞争力。就这样，JYH 的花卉基地与温州市区的几家花店和瑞安的一家花店开始有业务往来。至今，最初帮助他的几家花店仍然与他保持业务往来，成为他的固定客户。在田野调查期间，笔者有一次跟 JYH 去送花，当时已是傍晚时分，工人们把 300 把套好薄膜的红色、黄色、粉色的非洲菊装到小轿车的后备箱里。装好货，JYH 就开车载着笔者和出纳奔赴温州市区送花。半个多小时后到了学院路的××花店。这家店在他 10 年前起步的时候就用他的货。因为信任他，店主从来都不跟他砍价。从他跟店主聊天的情况来看，两个人聊得最多的也是市场行情和花的长势。不难看出，店主和他是比较要好的朋友，花店的员工也与他颇为熟络，对他的鲜花大加赞赏。一般来说，鲜切花的市场价格是根据市场行情经常浮动的。但 JYH 为报答当年那些老客户的恩情，花价对老客户不变，以非洲菊来说，每把都是 4 块钱，而有的时候市场价格会涨到 8 块钱，但他也不为所动。

而对在加工业等相关领域创业的移民来说，寻找订单的方式往往是参加企业协会、行业协会或大型交易会。移民阿玖在创办了竹制品厂后，如何开拓更深层次的市场潜力一直困扰着他。在朋友的建议下，阿玖把目光投向交易会，去广州参加交易会。当时他拿着自己生产的筷子和竹制品演示，一连好几天都没有碰到合适的客户，终于在一天上午遇到了一个对他的产品挺感兴趣的日本客户。阿玖用说英语加打手势的方式向对方介绍产品如何好、生产工艺如何先进等，甚至还告诉对方他是水库移民，很苦很穷，做生意不容易，希望多多帮助。该客户对阿玖的产品倒是很满意，不过即将交易之时却发现阿玖的厂子并没有正规的企业资质，仅仅是一个作坊，遂产生疑虑。阿玖诚恳地解释，并在该客户建议下找到朋友做担保后顺利签订合同，拿到了第一个订单。

边燕杰认为初创企业获得订单的重要来源是企业主与客户之间既有的社会关系，既有社会关系为企业主与客户间良好的信任关系提供了重要基础，从而使企业可以绕过复杂的书面合同的订立环节，节约交易成本（边燕杰，2006）。而移民创业者因是"外来者"，打破了原有的社会关系网络，同时在安置区没有社会关系，所以只能拓展社会关系网络，凭借自身的毅力和诚信打动客户，成功获取订单。这些订单不仅是对创业者的产品、技术、人品的肯定，也是对其拓展社会关系网络行动策略的认可。

3. 请客、送礼来发展关系

杨美惠通过在北京的访谈发现，人们主要通过三种方式——请客、送礼、做人情——来发展关系（杨美惠，2001）。项村移民W老板在安置区结识的朋友很多，W老板也经常把这些朋友叫到一起"坐坐"，吃饭、打牌，以此来联络感情。例如，笔者在项村调查期间，一个周末的晚上，W老板邀请了当地的一个镇长、县里移民主管部门的主任、项村和邻村的村支书和村委会主任、项村的几个企业老板一起吃饭。席间觥筹交错，大家好不高兴。这就是W老板经营与维持他在安置区关系的手段。当然，W老板逢年过节还是会"礼尚往来"的。每年，这些费用要占其业务经费的很大一部分，不过W老板倒不以为然，用他的话来说，"钱没有了，我们可以再赚，钱不是问题，但朋友就不一样了，朋友多了路好走，多个朋友多条路嘛，特别是政府里的朋友特别管用的，我想知道哪方面的消息，打个电话我就能知道了，你看我手机里号码很多的（边说边拿出手机），所以我一直信奉花钱交朋友是不能计较成本的"。

Dyer 和 Singh（1998）认为个体行动者的社会交往能够帮助行动者深刻洞察、领悟并获取有关市场需求、技术创新、顾客等方面的信息，从而为行动者带来具有高度私密性和专业化的信息与知识。哪种关系的资本存量高，创业者就倾向于维持哪种关系，这样其获得的信息量更大，信息处理能力也得到大幅提升，同时创业者也将这些关系与资源联结起来，使自己驾驭信息和资源的能力得到增强。因此，这种新的社会关系网络增加了移民的社会资本总量，改变了以往社会资本总量匮乏的状况，有利于移民获得更多的信息和资源（赵延东，2002）。

三　社会环境支持移民创业的效应

面对社会环境的支持，移民创业者会形成一套行动策略，最显著的效应就在于将资源用到创业中，拓展了创业局面，巩固了创业成果，随之而来的是家庭经济条件的改善，使他们在安置区有更好的机遇，加速了他们融入安置区的进程，反过来，融入当地又坚定了创业者的创业信心。不过，因创业成功加速融入当地也产生了移民身份淡化的结果，同时随着在安置区生活得更久，移民逐渐建构起新的地域认同。

（一）拓展创业局面，巩固创业成果

在创业中，朋友关系可以为企业主提供情感支持、信息支持和日常帮助，以及资金、业务等方面的支持（尉建文，2009）。对移民创业者来说，获取这种支持非常重要，其最直接和最显著的效果是有利于创业局面的拓展，巩固创业成果。

1. 创业信息渠道的拓展

有关创业项目的选择、创业项目的实际运行、产品的销售渠道等方面的信息都可以从安置区社会环境中获取，进而促进创业。

在瑞安的 YX 社区有许多移民创办的织袋企业，家家户户都从事织袋产品的生产加工。而这一创业信息便来自当地的一家织袋生产企业。这家企业的老板 CSL 在社区内租用场地创办企业，其生意兴隆的景象给区内的移民带来了创业的希望。村内不少移民因与老板 CSL 熟悉，便请他帮一把。CSL 爽快地答应了，并且将织袋加工的经验传授给想要创业的移民。村内不少移民在创业机遇面前选择了创办织袋企业，并且获得了成功，如今 YX 社区已经形成了织袋加工产业。

> 当时，我想搞织袋加工也是看 CSL 搞得比较好，再加上他这个人也比较好，我们说搞织袋加工，他也没有什么意见，反而很支持我们，并给我在买设备、加工技术、销售上面都进行了指导。我们在生产中要是遇到了问题找他，他都会放下手中的事情来帮我们，就我一个人办这个加工厂就没少麻烦他了，别说我们这里其他人了。（LDK，瑞安市 YX 社区织袋加工厂老板）

现代经济学对传统经济学的发展体现在对"零信息成本的假设"的看法上，承认信息的获取、传递是要花费成本的。而移民从安置区获取的创业信息具有异质性的特点，能够节省信息成本，加速信息流动。当然，这也是移民与当地居民互动的结果。也就是说，安置区的社会环境并不会主动地提供创业信息，移民们信息的获得是沟通互动的结果。

2. 融资渠道的延伸

移民创业者在创业的深化发展阶段往往面临较大的资金周转问题。而安置区的社会环境可以从两个渠道提供融资支持：一是信贷融资；另一是非正式的民间融资。对信贷融资前文已经提及，这里不再赘述。

而第二个渠道是温州地区十分活跃的民间融资。"会"是温州民间融资中最常见的形式，一般由发起人（称为"会主"）邀请若干亲友参加，约定时间按期举行，每次收集一定数量的会金，轮流交由一个人使用借以互助，"会主"优先收取第一次会金，以后按次序轮流让参与人使用。王春光在对巴黎温州人的研究中，分析了在巴黎的温州人中盛行的两种会——"干会"和"活会"，当然会也不是随便进入的，取决于会主的目的、会主的人品和经营情况（王春光、Jean Philippe，1999）。笔者在温州苍南Q镇章村调查时了解到该村移民C先生在创办印染公司缺乏周转资金时就是通过"活会"的方式来融资，其中也有不少当地人参与。虽然他是移民，但是当地人对他的人品和经营能力十分信任，他当"会主"和别人一样总能按时给付利息。

3. 创业困难的克服

作为外来者，移民在创业中会遭遇各种各样的困难，单凭自身的力量往往无法克服，而安置区社会各种人士可以帮助移民创业者克服困难。这些创业困难的克服，一方面是创业者能力的体现，另一方面也是增进创业者与安置区社会各种人士的关系进而巩固创业成果的过程。

有着丰富经商阅历的项村移民W老板，主要做房地产生意。用他的话来说，就是造房子，利用与相邻其他村村委会主任熟的便利获取宅基地，然后以民居的名义上报，把房子建成7层以下的套房，再私下里将这些房子卖掉。本质上，这是一种小产权房。而最近W老板造的一栋楼遇到了麻烦，被人举报到县规划局和建设局，执法部门秉公执法，把他刚建好的那栋楼的玻璃全砸了，并责令限期拆除。马上就要封顶卖掉的房子，却面临这般结局，W老板的心情极差。眼看损失即将造成，他就通过自己各方面的朋友打听举报者，最终查出举报电话来自隔壁李村的一个固定电话。在调查的时候，笔者当天正巧碰到W老板几人宴请李村的村委会主任。席间，他们的中心议题就是如何找到那个人并摆平这件事。以下是他们的一段谈话。

W老板：我县里的朋友说，再不搞定举报人，县里真要行动了。我查了这个人是讲本地蛮话的，但他们是如何知道咱们的这些事呢？我估计这个举报人应该是专门吃这碗饭的人。老李，这个打电话举报的人是你们村子里的。

老李：我们村子的？好，你说是谁，只要告诉我是谁，我保准给你平下来。这事好办，你们可以再打那个电话确认一下。还是那话，只要告诉我是谁，保证搞下来。

从中可以看出，W 老板在安置区的各种朋友起到了一些作用，例如，县里的朋友、镇里的朋友、各个村的村委会主任等。事情最终在 W 老板多次"活动"下得到圆满解决。

（二）加速融入当地，坚定创业信心

温州人往往有极高的生存智慧，他们充分调动自己的潜能和社会资源，在创业过程中选择合适的行业，利用温州人内群体的社会关系资源以及家庭的传统优势，凭借内群体的劳动力市场以及他们过去的劳动和生活习惯等来实现老板梦（王春光、Jean Philippe，1999）。而大部分温州人在当了老板以后，生存处境确实有了质的改善。

移民通过创业改善经济条件是其加速融入当地的一种表现。创业不仅改善了移民的家庭经济条件，也吸引其他移民追随，移民群体的整体经济地位在一定程度上得到改善，加速了移民融入安置区的进程。融入与创业交互进行，移民们有事可做、有钱可赚，相比在库区的谋生方式有质的改变。"我们以前在山上的时候，主要是种种地、打打工，来到这里我们跟着本地人踩踩袋子什么的，不用为出路发愁了，家里人都有事情做了，收入也不错，反正是比在山上好太多了。"（C 先生，41 岁，章村移民）

创业使移民的经济地位得到改善，在某种程度上提高了其声望和社会地位，尤其是那些创业成功者在移民群体内部、当地人中间也有了一定的威望，彰显"能人治村"的色彩。在浙江等经

济发达地区的村落，"能人治村"的现象早已相当普遍，那些经济能人在村庄公共权力结构中居于支配地位，主导和控制着村庄的运作过程（卢福营，2011）。不少移民精英或移民能人已经开始参与村落治理。例如笔者在章村做调查时，遇到了两位通过2011年3月份的村落选举进入村"两委"的移民。CST一直都是章村的移民代表，协调移民跟村里、镇里和上级部门的事情，因此，他的能力和人品获得了不少村民的认可。被选进村"两委"，他主要负责监督监察工作；CAZ善于交际，在章村人缘极好，在村"两委"中分管妇女和计生工作。笔者与现任村支书交谈时，村支书表示："我们这个村还是很团结的，大家的心思都在发展上，谁有能力带领大家发展，村民就会选谁。像CST，为什么大家会选他？一方面是他能力强，口碑好，事事为大家着想；另一方面，他自己做生意也很成功，办厂也带动了不少村民就业。"

创业成功和在安置区生活时间长也在一定程度上加速了移民在社会层面的融入进程，比如婚恋、语言和风俗习惯。同样是在章村，移民男青年和当地女青年通婚在当地引起了不小的轰动。男青年C与女青年章，自由恋爱，等到双方家长知情后，女方家长强烈反对，觉得男方是移民，担心女儿嫁过去会受本地人歧视。而男方家长则默许他们追求自己的幸福，在他们看来，安置到章村就是章村人。后来，女方父母实在拧不过女儿就答应了，其父表示："刚开始我不同意，大家都来劝我，说我不能耽误孩子的幸福，后来我看小C对我女儿也是真心的，两人在一起也很幸福就答应了。没想到这事在我们这儿还引起了不小的动静呢。"

总之，在创业过程中移民得到了安置区社会环境的支持，通过建构行动策略获取创业资源，促进了创业成功；反过来，创业过程中形成的资源获取策略和创业成功的效应也加速了移民融入安置区的进程。尤其是经济条件的改善带来了显著效应，使移民的社会地位或社会声望得以提升。当然，在安置区生活时间久也是影响因素。而融入安置区的社会生活，在某种程度上消除了他们的"后顾之忧"，使他们坚定了创业信心。

（三）淡化移民身份，建构新的认同

在融入与创业的双重作用下，移民在安置区的生活趋于本地化，再加上属地管理的作用，移民身份意识有所淡化。移民的"乡愁"随着时间的流逝也不再浓郁，渐渐地建构起对安置区的地域认同。

珊溪水库移民搬迁到安置区已十年有余，移民的各种"山区印记"逐渐消除，随着在安置区生活时间更久，移民的各种习惯与安置区当地人趋于一致。特别是在创业后，随着移民经济条件的改善，移民的消费购买能力增强，生产生活方式不断发生变化。在日常的生活中，出现了许多原来在库区生活时没有的生活方式，例如，移民在安置区要使用自来水（以前在库区时都是用溪水或山泉水），家用电器也比在库区时增多了（王沛沛、许佳君，2010）。在调查中笔者发现，章村移民购买的小轿车共有 21 辆，家家户户有彩电、洗衣机、手机，而网络设备拥有率也在 30% 以上。不少条件好的移民还购买了人寿保险。谈发展成为移民茶余饭后的主要话题，打麻将、打牌等闲暇方式已渐行远去，移民的生活水平正向当地人看齐。正是在创业的带动下，移民们着眼于发家致富，在致富的道路上辛勤工作着。移民与当地人一样，是中国社会中的普通百姓，并没有什么特殊之处，他们的移民身份意识在发展中慢慢淡化。

前文提及安置区有较好的基础设施条件和社会经济条件，移民在创业过程中获得了一些支持。在他们看来，能将机遇、资源运用到自己的创业中是一件非常幸运的事情，这显然是在库区无法得到的。因此，创业活动强化了移民对安置区社会的认同——在经济认同的基础上，也在某些层面建构出社会认同。仍以章村为例，第一次到章村调查时，笔者隐约感到当地村民与移民的界限已不是很明显，"我中有你，你中有我"式的交往普遍存在，只是在偶尔的几句泰顺话或蛮话上有所差异。

现在我们的生活嘛，只要家里勤劳，生活过得都挺不错的。虽然我们和本地人还有一些差距，但已经比我们在山上好了很多了。特别是马上我们村子就要通环城公路了，而且 Q 镇政府也要搬到我们村子，还有几个县派驻到镇上的所也要搬到我们这儿，不出三五年，我们村将会大变样，可以说，我们生活充满了希望。（T 先生，46 岁，章村移民）

2010 年 6 月，对章村的一次抽样调查的问卷中有这样一道题："总的来说，您对现在的生活满意吗？"数据显示，有 5.3% 的人感到很满意，有 73.7% 的人感到比较满意，有 15.8% 的人感觉一般，5.3% 的人感到不满意。时隔一年，温州城乡统筹改革的行政区划调整已经先行完成，Q 镇政府办公地点也因扩镇而迁到章村，这样的发展形势使移民和当地村民一样没有理由不喜爱章村，由此，移民对安置区建立了新的认同。

四　小结

本章就水库移民在创业过程中得到安置区的社会环境支持进行了分析，也对移民建构的获取社会环境支持的行动策略进行了分析。当然，社会环境支持也对移民创业产生了一定的效应。

具体来说，水库移民创业得到了安置区社会环境的支持，主要表现在：第一，具有经商传统的区域文化，尤其是冒险与进取的海洋文化传统、"功利主义"商业文化传统、"走四方"的经商精神；第二，安置区较好的基础设施条件为移民创业提供了便利，尤其是完善的水、电、路基础设施和配套设施及社区服务设施；第三，安置区较好的经济条件为移民创业提供了机遇，如经济基础好、有浓厚的商业文化，等等。

面对社会环境支持，移民创业者形成了获取社会环境支持的行动策略。首先，受区域文化形塑，移民积极参与到经商实践中，例如积极当"老板"、积极开拓进取、积极创新与竞争。其次，模仿学习，抓住创业机遇。一方面，适应基本的外部环境条件，也就是学习普遍存在的显性知识；另一方面，与安置区当地人交流，可以得到难以通过直接观察或媒介资料等得到的创业所需的隐性经验。最后，拓展社会关系网络是获取创业资源的重要行动。移民需要与当地村落建立关系，获取土地等生产要素，也需要寻找客户，以获得更多的订单。另外，移民多采用请客、送礼的方式来发展关系。

移民创业得到社会环境支持也产生了一定的效应。第一，有利于拓展创业局面，巩固创业成果，表现在创业信息渠道的拓展、融资渠道的延伸、创业困难的克服等方面；第二，加速融入当地，特别是创业使经济条件得到改善，进而提高了移民的社会地位，坚定了移民创业的信心；第三，得到社会环境支持，移民的身份意识有所淡化，同时随着时间的流逝，安置区的各种显性优势得到体现，移民渐渐地建构起对安置区的地域认同。

总之，移民的创业行动在某种程度上也体现了"社会化帮扶"的理念，更为重要的是，移民创业者也理性地采取行动，获取创业资源。而客观上，创业也产生了促进移民加速融入安置区的效果。

第五章 移民群体支持与移民创业

与主动外出做生意的温州人相比，温州水库移民群体属于被动迁移，但是他们在安置区也建构起了自己的"群体意识"，特别是对同乡人的认同感和归属感，这种群体支持对移民创业也有着重要影响。因此，在本章中，笔者将围绕来自移民群体的支持、获得移民群体支持的行动策略以及移民群体支持移民创业的效应三个方面进行分析。

一 来自移民群体的支持

中国乡土社会一直是重视亲缘关系和地缘关系的，而就地缘关系来说，村民多是在外地依赖其地缘关系构建一个仍以同乡人为纽带联结起来的亚社会结构（阎云翔，2000）。水库移民群体的"乡土"观念更加强烈，被迫离开"生于斯、长于斯"的故土，思乡情结与异地陌生的环境叠加在一起，让移民对"同是一乡来的移民"有更多认同。另外，他们在安置过程中因原居住地相同，有类似的生活习惯、语言、习俗等背景，从而有高度的同质性，逐渐形成群体成员共有的信仰和情感，类似于"集体意识"，有自己的特性、生存环境和发展方式（阿隆，2000）。移民们有"同是一乡来的移民"的认知，因而相互帮助，相互依靠，久而久之，移民群体中形成了移民群体亚文化，即"互帮互助"、"共同致富"

的群体观念。虽然没有明确的制度和规章来界定移民之间的权利和义务，但长期生活在一起建构起来的习惯和传统是维系关系的重要纽带。因此，移民群体支持成为移民在安置区生活的一种重要的资源。

项飚在对北京"浙江村"的研究中认为，在这种"链式"的移民聚居区中，移民间"相互帮助"具有重要意义：①这是"理所当然"，如果不帮就会遭闲话，会搞得没有朋友；②"你帮别人，别人才会帮你"（项飚，2000）。水库移民间的相互帮助并不是互惠互利的，更多的是一种责任、一种义务，是建立在同乡人基础上的无私馈赠，并不期望任何回报。在移民创业过程中，移民群体给予创业者关怀与鼓励，并提供力所能及的帮助；而创业成功者往往对其他移民不断拉扶，解决他们的就业或是为其创业提供资源，这种创业中的帮扶情结是水库移民群体的一大特点，也是他们走上共同富裕之路的重要保证。

（一）给予移民创业者的帮助与慰藉

群体内能提供创业资源，一方面与移民群体在长期生活中建立起来的信任有关，另一方面也是因为移民群体对共同富裕目标的追求。水库移民创业过程中日常的相互帮助主要包括在获取当地资源方面提供指导、移民员工的雇用、解决实际问题等。另外，移民还可以得到资金支持。一项对城际移民创业者的研究显示，移民创业者主要是从亲缘关系中获取经济支持，而且多限于家庭关系（姜磊，2010）。与城际移民不同的是，水库移民在创业资金方面既有亲缘关系的支持，也有移民群体内的支持。

用熊彼特的话来说，创业是一项与风险、失败并存的东西。因此，创业中有成功，亦有失败。当创业失败的打击来临，创伤往往需要时间来磨平。而他人的支持，特别是情感上的慰藉，往往会给失败者以安慰，使其重获创业信心。

XCE，43 岁，平阳县 XJ 镇直河移民点移民，1997 年作为珊溪水库首批试点移民来到平阳。移民后的 XCE 做过三轮车运输、承包过移民点的装修安装业务、做过塑料编织袋的推销业务员等工作。在 2006 年，积累了一些资金的 XCE 发现了生产汽车安全带的商机。他贷款 40 万元，承包了 XJ 镇某地的剩余宅基地，建成了 2000 多平方米的厂房。但是在厂房建好后，却遭受 2006 年超强台风"桑美"的袭击，厂房倒塌。汽车安全带厂还没生产就破产了。同村的移民纷纷来安慰备受打击的 XCE，有不少人拿出自己的房产证交给他，让他去银行抵押贷款，渡过难关。

　　水库移民群体有强烈的凝聚力和向心力，能够为移民在情感上提供支持和慰藉。安置区移民"群居"式的住房格局让沟通互动更加便利，因此，每当群体内部有移民创业遭受挫折时，其他移民总会给予言语上的安慰以及物质上的帮助，帮助移民创业者从物质和精神的双重打击中恢复过来。受到巨大精神打击的创业者往往需要情感慰藉，而能从有归属感的移民群体中得到慰藉对其创业来说是一种鼓励。另外，同是一乡来的移民都期盼着大家过上"好日子"，这种朴素的乡土观也是移民关心创业者的一个因素。

（二）　创业成功者对其他移民的拉扶

　　温州人做生意或在外流动的过程中，凭借更多的是传统的社会资源（如家族血缘关系、乡土关系等），并在陌生的外地社区中形成新的区隔，如"温州村"、"浙江村"、"温州城"（王春光，2000）。其形成路径大多是这样的：先是少数人没有明确的目的到处寻找经商机会，一旦发现一个地方有钱可赚，就会通知亲戚朋友、左邻右舍，从而引来一批熟人。从总体上看，移民群体与当地人有一定距离。其中创业成功者在自己"先富"之后，也承担起拉动群体其他"后富"的责任。与其他群体的创业活动相比，在移民群体中，创业成功者对其他人的"拉扶"是一个突出特点。

　　YCF，41 岁，温州瑞安市 TS 镇五村移民，1996 年因珊溪水库建设搬迁到五村，做过粮油销售、羊毛衫加工工作。2000 年创办了通信器材加工企业，2002 年以 3.5 万元创办了浙江 MJ 建筑五金有限公司，从事五金生意。经过艰苦奋斗，2006 年公司创利 400 万元，截至 2010 年利润有 1000 多万元。此外，公司还研发了目前国内最为先进的新型双开门锁。在自己创业的同时，YCF 还担任过五村的村干部，一直为村内移民服务。他经常向村内移民传授创业经验，并提供资金支持。2005 年，同村移民阿丰在山东青岛做生意亏本，负债累累后回到五村。背负众多债务的阿丰找到 YCF，希望能得到帮助。当 YCF 了解到他下一步想在温州做卫浴生意的创业计划后，果断地借给他 3 万元的启动资金。有过失败教训的阿丰稳扎稳打，生意逐渐做大，不仅在温州地区开了几家分店，而且在山东也进行扩张。

从长远来看，移民创业者的拉扶有效解决了移民生计出路问题，也增进了移民群体的凝聚力。Aldrich、Roger 对美国少数族群创业的分析发现，少数族群中的关系可以为成员的创业活动提供社会和资金方面的支持（Aldrich and Roger，1990）。对水库移民而言，安置后，前后两次在同一地域中建立起来的地域认同感成为传统血缘关系的映射，同乡的亲切感、归属感相伴而生。因此，与一般的亲缘关系、地缘关系相比，移民群体支持是水库移民群体独有的社会支持，在移民创业者发家致富的过程中发挥了重要作用。这种抱团式的移民关系对移民创业者来说，提供帮助只是其中的一方面，重要的是其给移民创业者创业信心和保证。那些已创业成功的移民，看到同村其他移民仍然贫困，带领其他移民共同富裕成为其责任，二次创业或继续创业的动机油然而生。

二　获取移民群体支持的行动策略

移民创业者获取移民群体支持的方式有三种，即抱团创业抵御外部排斥或竞争；凭借自身影响力（模范吸引）争取群体内的创业资源；权威动员获取创业资源。

（一）抱团创业：获取规模效益

移民创业者在创业中，可以通过合作创业的方式来扩大生产规模，获取更大的规模效益。一方面，创业者通过合作制度达成合作，将他们的部分资金、土地或者劳动力资源作为创业合作发展的要素；另一方面，通过各种生产要素的投入，移民创业者可以从合作中获得收益，包括工资性收入和入股分红。

1. 因当地排斥而合作

移民在安置区生活往往要面对当地人不愿接纳或排斥的情况，这使创业面临更多的困难。创业者通过合作的方式成立合作企业，可以壮大实力，合理配置资源，并抵制外界排斥对其创业的影响。在温州乐清市 SF 镇林村，SM 蔬菜专业合作社就是因当地人排斥成立的。

该社是在村内移民 WXC 发起下于 2007 年 5 月成立，当时的注册资金是 50 万元，以 5 位移民合资入股的形式创办。创办人WXC，今年 46 岁，一家 6 口人在 1999 年举家搬迁到林村，得到 2亩安置田。在移民前，他一直以种地为生，农闲时外出打工经商。开始时 WXC 在林村以种菜为生，与他一样，林村的其他移民也以种地为生。因种稻子收入低，只好走种菜老路。这种小打小闹的种菜，在 WXC 看来只能"勉强维持生计"，因为他们根本无法打开销路，当地人根本不愿意购买移民的农产品，原因在于"当地人不愿意看到我们移民变富"。

百般无奈之下，WXC 联合林村其他从事蔬菜种植的移民成立专业合作社，他们先把产品想办法销售到外地去，不跟当地人打交道，慢慢地打开了市场销路。合作社以股份制形式成立，再以散户的形式经营，主要种植西红柿、白菜、黄瓜、茄子等蔬菜，也种植了一些蓝莓、树莓，并适时推出眼下时髦的瓜果青蔬采摘游。截至 2010 年底，SM 蔬菜专业合作社共有社员 143 人，其中移民社员有 135 人，吸引了林村以及附近其他移民村（点）的移民参与，经营面积达 1015 亩，2010 年产值达 600 万元，成为乐清市的县级农业龙头企业及主要蔬菜供应基地之一、温州菜篮子集团后备基地，另外还入选了 2012 年首批温州市现代农业园区（精品园）。

新制度经济学将人看成效用最大化的，但在存在不确定性、信息不对称及认知能力不完善的情况下，理性只能有限度地实现。对林村移民选择创业并成立专业合作社而言，他们的理性受制于当地人的排斥导致市场存在不确定性，使他们种植蔬菜的交易费用增加。通过合作创业，可以满足移民在市场中获取利润的需求，同时创业也成为一个纽带，把移民们的谋生希望紧紧地和创业联系在一起。

2. 因移民竞争而合作

在选择发展项目时，不少移民创业者都以其他成功人士为榜样，从而走上模仿的道路，导致产品的同质性较强。面对这种农户家庭之间无序的竞争，更大规模的合作是帕累托最优的解决办法。ZN 农机专业合作社就展现了移民通过寻求创业合作来获取规模效益的行动策略。

ZN 农机专业合作社的负责人是 QZY，46 岁，珊溪水库移民，现居平阳县 AJ 镇郑村。该社的成立最早可追溯到 QZY 自己在 2005 年联合其他七位移民成立的 LM 农机专业合作社，位于 AJ 镇郑村，注册资金为 50 万元，社员有 45 人且全都是移民。那时，平阳县内也有另外四家由移民成立的农机专业合作社，分别是 XJ 镇的 TN 农机专业合作社、KY 镇的 MX 农机专业合作社、SB 镇的 HM 农机专业合作社、SQ 镇的 KN 农机专业合作社。基本上每家合作社都在自己所在的镇内提供农机服务，互不跨界作业、经营。

当时，QZY 的合作社有 12 台机器，并有专业的农机维修人员，大家吃苦耐劳，服务质量也很好。他们只在 AJ 镇境内提供服务，但良好口碑传播，其他乡镇的农民也开始找他们。起初 QZY 并不答应，后来一狠心便开始"跨区"作业。2008 年 7 月，早稻收割的繁忙时节，QZY 和他的队伍在每天下午 4 点完成本镇的收割任务之后，便去平阳县 XJ 镇某村提供收割服务。当地的 TN 农机专业合作社在每天下午 4 点就收工休息了。而 7 月份，QZY 的队伍每天从下午 4 点到晚上 9 点不停地工作，完成了 170 多亩的收割任务。这一消息立即传到 TN 农机专业合作社，该社人员在 QZY 离开前赶到现场，与其发生争执，质问其为什么要到他们的地盘上抢饭碗。QZY 给他们解释说，"并不是来抢饭碗，而是老百姓自己请他们来的，正巧，你们停工了而老百姓急着收割稻子所以就过来了"。TN 农机专业合作社人员并不理会，要求 QZY 从每亩收益中拿出 20 元返还给他们。QZY 没有同意，TN 农机专业合作社人员便报复性地把 QZY 机器的油放了，还绞断刹车管。QZY 报了警，后来在警察督促下这事也就不了了之。

此后，QZY 再也不怕所谓的"划界经营"，用他的话说，"我才不管你是什么镇什么村的，只要请我们，我们就去"。QZY 招兵买马，扩大队伍，开始在平阳各乡镇作业，因其服务质量好，市场越做越大。其他几家合作社却生意不景气，苦不堪言。

在专业农机协会的组织协调下，几家合作社坐下来商谈，毕竟大家都是珊溪水库移民，结果是大家申请成立一个联社性质的农机合作社。之后，在 QZY 等的申请下，ZN 农机专业合作社获得了政府部门的批准。

截至 2010 年底，ZN 农机专业合作社的注册资金为 320 万元，社员 203 人，其中移民 185 人。合作社年产值为 400 万元，拥有农机 109 台（套），被浙江省农业厅授予平阳县水稻工厂化育秧基地，被温州市人民政府授予粮食优秀服务组织，被温州市农业局授予平阳县水稻育秧中心、平阳县油菜全程机械化示范基地。

创业上的合作，可以降低交易费用，表现在：其一，相对于单个移民创业，创业合作的交易频率更低，市场开拓能力更强，降低交易风险和交易费用，确保移民们获得相对稳定的收益；其二，面对当地人的排斥造成的生产资料和销售产品上的垄断风险，创业合作可以发挥协调产品供给与需求的重要作用。联社的成立，解决了移民间的竞争问题，达到资源整合的效果，同时借助联社的组织体，可以扩大经营范围，找寻更大的市场空间，特别是从提供产前、产中、产后的农机服务开始，扩展为提供育秧、插秧等一系列农业生产服务。这种纵向协调之所以能带来巨大好处，原因在于可以实现规模生产、获得技术、增加融资、降低风险和提高质量。

（二）模范吸引：创业成功的效应

农村中的创业成功者，也被称为农村致富带头人，他们的出现促进了农民思想观念的更新、开拓了农产品销售市场、推动了农业生产技术的发展、促进了农村合作组织的成立和发展（黄志坚，2007）。移民创业者取得成功，往往在移民群体中产生巨大影响，不少移民开始追随、投资和加盟。这种模范效应也给移民创业者带来了创业资源。

1. 主动追随

移民创业成功者身上的光环吸引了其他移民，不少移民开始追随创业成功者，在为其带来劳动力资源的同时也解决了移民自身的生计出路问题。

以汇村为例。汇村一直没有集体经济，村民多以种地、家庭加工、外出务工、跑运输为生。2006 年全村居民人均年纯收入只有 3500 元，低于 2006 年平阳县农村居民人均年收入。经过三五年的经营，JYH 的花卉种植已经小有名气，产品往往供不应求。村民们则对 JYH 的成功既感慨又佩服。在 JYH 花卉基地的带动下，汇村已有不少村民参与到花卉种植中，跟随 JYH 在花卉基地干活，施肥、除草、采花、套花等，每月按工作量发钱，如同去工厂上班一般。在 JYH 兴建第二号花卉基地和第三号花卉基地的过程中，劳动力资源十分短缺，不少村内移民主动向他提出参与的意愿。基地建成后，这些新加入的移民又投入两个基地的运营中，成为新的劳动力。比如，ZRN，男，65 岁，在其与 SH 园艺有限公司签订的合同中，工作是花卉基地田间管理，工资是 1200 元/月，每天工作 8 个小时，公司为其提供养老、工伤、失业保险。

移民创业成功者身上的企业家精神，既为其带来了移民群体内部的支持，也对移民群体的发展有着积极作用。其一，创业成功者给村内条件较差的移民户"搭便车"的机会，让其不知不觉地走上了致富的道路，反过来也让移民们坚定了追随其创业的决心。其二，在成功者的刺激下，村内移民开始积极追求致富，打破了懒散风气，逐渐形成勤劳致富的社会风气。

2. 主动投资

移民创业者取得成功，也吸引了其他一些移民或组织以入股合作的方式投资成功者的创业活动，既为创业成功者带来了资金支持以实现规模扩张，也为其他移民或组织提供了财富增值渠道。

在汇村移民 JYH 的花卉种植取得成功之后，不少移民提出入股意愿，正好 JYH 想改成园艺场形式运作但缺少发展资金。其他移民入股后，JYH 的 JJ 园艺场成立，其中 JYH 出资 100 万元占30％的股份，成为第一大股东，其他 8 个移民合计投资 200 万元，占 70％的股份。共筹资 300 万元，除去 JYH 的 100 万元，园艺场获得了 200 万元的资金。

> 那段时间是困难的，手头上的资金太少了，银行贷款也只能贷那么些了，跟亲戚啊朋友啊借钱也不是长久之计，我当时也非常着急的。后来 2008 年的时候，村里有人说可不可以搭股啊，我当时觉得这也是个办法，就征求村支书和村委会主任的意见，他们都很愿意入股，根据个人能力出资吧。（JYH，SH园艺有限公司负责人）

在其转为公司制运行后，在建设第三个基地时，村支书和村委会主任找 JYH 谈话，向他表达村集体想在新基地中占股份的意愿，JYH 不仅欣然接受，还将村集体的股份扩展到整个园艺公司中。因此，JYH 的园艺公司进行了股权变更。2011 年 4 月，JYH和其他股东、村"两委"代表签署了入股协议，对股份进行调整，并通过相关部门的公正。其中创始人 JYH 占股 45％，村集体占股18％，入股村民占股 37％。

这种主动投资创业成功者的方式具有股份合作制的特点，而股东分红制产权安排结合了适度能力与适度激励，对参与其中的股东来说各有益处。正如石秀印所言，"人们之所以选择了股份合作制度，是因为在给定的社会条件下，在交叉点上的适度激励与适度能力下，它所产生的收益高于其他联合或制度形式"（石秀印，1999）。

3. 主动加盟

移民创业者的成功经历及其技术能力给其他"想创业而又不敢创业"的人带来了希望和信心，整个村庄都有了积极进取的创新精神。在某种意义上，农民的先天禀赋并不太重要，重要的是其所居住的社区有没有具有创新精神的农民。如果有这样的农民，其他农民只需模仿就会有意无意地带动收入增长（徐振宇，2011）。在SH园艺有限公司带动下，汇村已有不少村民以加盟的形式参与到花卉种植中，而花卉相关收入成为村民的主要收入。

企业带动能力证明

平阳县SH园艺有限公司是我县农业龙头企业，多年来，该企业在林业产业化经营方面成绩突出，效益明显，有力地带动了我县鲜切花产业的发展。据统计，公司帮助带动我县WA、XJ、YY、HX及文成等地农户发展鲜切花种植，联结农户数256户，联结基地种植面积2100亩，为农民增收、农业增效做出了积极贡献。

以上情况属实，特此证明。

平阳县林业局
二〇一一年八月十五日

"基地＋农户"是我国农民在农业生产实践中摸索出的实现农业产业化的有效措施之一，其优势在于基地可以对加入的农户进行规范化、约束化的管理，降低交易费用，而农户通过与基地合作可以充分利用基地在资金、技术、管理和信息等方面的优势

（徐旭初、黄胜忠，2009）。通过加盟，移民们找到了新的收入增长点。例如在 SH 园艺有限公司工作的员工，每个月可以拿到 2000~3000 元不等的工资，而加盟农户也可以每年多收入近万元。相对于之前仅靠种水稻和打工为主的收入结构，从事花卉种植扩展了村民的收入渠道，也相对地提高了收入水平。

（三）权威动员：精英配置资源

村庄中的权威人物大多有着先人一步的预见能力，他们作为社区责任的承担者都首先将维护社区整体利益、谋求共同富裕作为追求的核心内容（折晓叶、陈婴婴，2000）。一些原先经济基础较好或拥有雄厚社会资本的移民，通过创业在安置区迅速改善经济条件，完成财富积累。而这些人在安置区移民群体中享有较高的威望，也有一定的影响力，可以说是精英人物。基本上每个移民村（点）都有 1~2 名这种精英人物。精英人物最终的目的还是希望同是一乡来的水库移民都能走上致富的道路。

前文已提到移民的就业问题是移民工作面对的难题之一，温州水库移民大多来自山区，本身并没有太多的生产技能，面对陌生的安置区的环境，又缺乏与当地人竞争的能力，往往存在很大的就业压力（韩振燕，2007）。耕地资源比较紧张，种地的利润微薄，打工又不尽如人意，有的移民养成懒散的生活习惯，长期聚在一起打牌、赌博，严重的"等、靠、要"，不仅给安置区移民和当地人带来极为恶劣的影响，也给社会和谐稳定带来隐患。

在田野调查中笔者发现，有移民通过动员村内移民参与其创业的方式来解决移民们的就业出路问题，"让移民们有活干有钱赚"成为他们创业的动力。苍南县 QK 镇项村的 WSX，今年 47岁，珊溪水库移民。他是一个"出名"的老板，不仅仅因为他是一个经商成功的老板，更因为他作为移民代表时时刻刻都在为移民着想。项村是一个插花安置村，共有 2109 人，其中移民 246 人，是 2000 年从泰顺库区迁移而来。WSX 在搬迁前的十几年中，一直从事蔬菜批发与销售，有着丰富的从商经验。自从到项村后，他一直积极创业致富，通过蔬菜批发、搭股入伙、投资房地产等形式积累了不少资本。那时，村内不少移民无所事事，整天打牌闲逛，安置区内的风气十分低迷。

> 说实话，我个人确实近些年赚了一些钱，生活不能算多好吧，至少在这个村子里还算是上游吧。因为我一直都是村里的移民点负责人，所以移民大大小小的事都找我一个人。不能让移民没事干，我一直都在琢磨的，应该找点事让大家一起干。后来，村委会主任提醒我，可以搞个合作社，把村里的地包过来搞搞。2009年4月的时候，我就找人合伙，一起搞了这个合作社。现在村子的移民只要不干活的都被我轰到地里去干活了，要么去放羊了，要么去山上看鸡场去了。
>
> 有几个特别懒的那种，整天想着赌博、玩牌九，我就劝他们几个，都是从泰顺老家来的，人家别人能干就你不能干？别给咱移民丢人。后来，劝了几次他们也就去了，再说，我也不亏待他们，一个月好好干的话，能有三千多块钱。（WSX，苍南QF种养殖专业合作社负责人）

在 WSX 动员下，村内8位移民投资入股，在2009年4月成立QF种养殖专业合作社。起初注册资金仅为80万元，此后又有8位移民每人以18万元入股共投资144万元。目前合作社拥有种养殖基地400亩，其中种植基地280亩，养殖基地120亩。员工70人，其中65人是项村和邻村的珊溪水库移民。因成立时间较短，2010年产值仅为50万元。

这种具有明显"个人主义"色彩的创业方式的兴起，不仅仅是从经济动机出发，其主要着眼点在于水库移民群体的利益。在权威人物的动员下，移民群体内部的人力、物力、财力被集中到创业活动中。一方面缘于权威人物在群体内部较高的社会地位，动员能力较强；另一方面，移民"同是一乡人"的群体认同和归属感也是重要因素。韩俊等认为创业创造了一批新的就业载体，以创业带动与促进就业，并且带动当地村内富余劳动力就地就近转移，根据百县调查，平均每名创业者带动 3.8 人就业（韩俊等，2009）。权威人物承担起"谋生责任"，并试图以此为纽带把村内移民联结起来，让移民树立勤劳致富的理念，将移民的注意力转移到创业致富上，改变懒散的社会风气，建立良好的村落秩序，真正融入当地的发展，实现共同富裕。

三　移民群体支持移民创业的效应

创业成为改变移民经济状况的有效路径，移民创业者自觉或不自觉地从移民群体支持中获得创业资源，以投资搭股、生产要素投入等途径不断吸引更多的移民参与，使自身的创业活动得到支持，有进一步发展的机会。同时创业成功又使创业者有能力带动甚至帮助处于困境的其他移民，让他们"有事干"，改变了以前的生活观念。当然，在区域文化的影响下，群体支持移民创业也产生了一定的负效应，比如催生了创业上的攀比和炫耀。

（一）移民群体的共同富裕之路

温州人亲和，易于抱团，有强烈的认同感、归属感，及强烈的向心力、凝聚力（任伯强等，2008）。流动到外地的温州人在经商时常常是"抱团"的，而且利用社会关系网络不断"带人"、"带能人"，群体内的凝聚力和生意都得到发展。与流动在外的温州人相比，水库移民群体的"乡土"观念更加强烈。他们被迫离开"生于斯、长于斯"的故土，思乡情结与异地陌生的环境叠加在一起让他们对"同是一乡来的移民"有更多的认同。因而，移民群体给予移民创业者支持也让移民群体有机会走上共同富裕的道路。

瑞安市双村是一个珊溪水库移民村，村支书 XXS 是一个富有创业激情和创业理想的年轻人。因有早年在外打拼的经历，移民安置后他被任命为双村的村支书。已经在创业上有所成绩的 XXS，一心想改变双村移民们经济上的困境。面对资金匮乏、环境陌生的移民村环境，XXS 坚定了创业信念，并且将邓小平的"先富带动后富"思想作为指导，让村内一部分移民先富起来，而后再带动更多的移民脱贫致富。

XXS 通过抵押贷款获得资金，先后从事塑料行业、挖掘机租赁行业，积累部分财富。2000 年，XXS 经过考察，与村内几位和他一样敢于创业的移民通过银行贷款 300 万元，合伙创办了 HP 宾馆。双村附近是有名的工业区，每天来往的客商很多，但这里却没有一家像样子的宾馆，这一商机被他捕捉到，开业第一年便创利 150 万元，同时 HP 宾馆还吸收了 15 名双村移民作为员工，解决双村移民的就业问题。

创办宾馆的成功，不仅让几位合伙的移民获利，也给村内其他人带来了震动，许多村民在创业方式上苦苦摸索找不到方向。2004 年前后，XXS 利用在全国奔波的机会，在西部欠发达地区发现了一个商机——办超市。XXS 拿出多年创业积累的资金，加上抵押贷款，筹集到 3000 万元，在中西部的陕西、河南、甘肃等地连续创办了五家中小型超市。

双村共有 130 多户移民家庭，而去西部开超市的这十几户就占了村内移民户的十分之一。这些出去创业的移民户获得了不错的收入，如此便解决了双村 10% 的移民的创业致富难题。

2007 年，XXS 继续投资 1000 万元对 HP 宾馆进行扩建装修，宾馆的经营面积从原先的 3000 平方米增加到 3500 平方米，扩建后的宾馆又吸收了 30 名本村移民就业，加上原先的 10 多人，双村在宾馆就业的移民已有 40 多人，而且每人的年均收入都在 1 万元以上。

水库移民群体来自贫穷、落后的山区，在安置区往往被贴上"移民 = 落后"的标签，可以说移民群体在安置区的社会地位与声望低下，而改变的突破口在于移民群体经济地位的提升。如果移民群体的经济条件赶上甚至超过安置区当地人的经济条件，那么移民群体的社会声望也会随之提高。而较为快速、有效的改善经济条件的方式就是创业，其不仅可以改善创业者家庭的经济地位，而且在移民群体"共同富裕"的理念下，在创业成功者或移民精英的带领下，移民群体通过创业走上了共同富裕之路。

（二）创业上的攀比和炫耀

受自古以来经商功利文化的影响，温州地区存在讲究排场的习俗。因经商而快速暴富后，进行炫耀性消费，展示自己的财富，这是温州人的通常做法。在老百姓看来因经商致富而奢侈消费并无不妥，不知不觉中，奢侈的生活方式反倒激发了人们去赚更多的钱，产生了一种"我要比你更好"的攀比心理。受这一习俗影响，水库移民在创业活动中也表现出这一特点。在移民群体内，创业成功者受到移民的爱戴和拥护，虚荣心得到极大的满足。

1. 创业上的攀比

攀比是一种心理活动，多指行动者希望得到别人的认可，超过其他人，以引起其他人羡慕。而创业上的攀比，更多地指向谁能赚到更多的钱。移民群体内因个人创业所在的行业不一样、经营手段不一样，难免会产生差异，而喜好攀比的习俗自然让老板们相互品头论足。

在温州平阳县 AJ 镇进行田野调查期间，笔者听说了 ZDN 与 ZDL 兄弟的故事。这对亲兄弟就是典型的在创业上攀比或在金钱上较量的创业者。两人的人生轨迹完全不同，ZDN 是老大，生性老实本分，做事务实；ZDL 是老二，生性狡猾，一副游手好闲的痞相。但两人如今却对比鲜明：老大创办合作社，从事鱼、生猪养殖生意，一年能赚几十万元，开一辆"起亚"牌汽车；老二做房地产和法国红酒灌装生意，号称资产上千万元，座驾是宝马 7 系。在对两人的访谈中笔者得知，老大的创业路十分坎坷，体现了他的性格——稳扎稳打；而老二游手好闲地混社会，却可以一夜暴富。兄弟二人对彼此的赚钱之道各有看法。

老大对老二发家致富的看法：DL 呢，从小就不大老实，他就自己出去闯了，也赚了不少钱。他嫌我观念落后，说我赚钱太慢。说实话，我确实没有他赚得多，我这人就是老老实实地赚自己的钱，不去赚那些没良心的钱。我使劲赚我这个辛苦钱好了，虽然没有他的多，但比他踏实多了。（ZDN，DA 淡水鱼养殖专业合作社负责人）

老二对老大发家致富的看法：我哥的那种生活，我肯定是过不了的，你看他养鱼、养猪赚的那几个辛苦钱。所以，我劝他搞点虚的投资，别老搞那些没有用赚不了大钱的实业。你看看温州的那些大老板，有哪个现在不搞房地产啊？有哪个老板不放钱发财的？（ZDL，从事投资的老板）

创业上攀比的实质就在于赚的钱越多，在他人面前就越有面子，归根结底，也是为了满足虚荣心。而功利、浮躁的创业攀比，还有另一种作用，即激发人的创业斗志和激情，刺激他人的创业欲望。

2. 炫耀的心理

也是在对他们兄弟二人进行访谈的当天，福村有个移民老板请他们二人吃饭，笔者也跟他们一同参加。请客人叫小林，是福村的珊溪水库移民，开办了一个塑料制品加工作坊。而请客缘由就是小林刚刚购置了一辆奥迪 Q5。小林买 Q5 是因为生意上赚了一些钱，要搞一辆好车来撑撑门面。在饭后与 ZDL 的聊天中，他说：

小林就知道显摆，这个生意刚起步没多久就换车了，我们温州人，有钱第一件事就是换好车。小林买这个车倒是也不稀奇。买就买吧，还这么显摆，你看把我们大伙叫这里吃的这顿饭，至少也要花掉 3000 块钱，他们待会还要去会所唱歌玩玩呢，小林今晚可是大出血了。我是真看不惯的，真的没那个必要，做生意赚钱真的不容易的，你看一晚上他就搞进去这么多钱。说他不听，非说要让大家高兴什么的。他硬要这样，我们也没办法，面子都要给他的，像我们温州人做生意最讲究的就是排场和面子，你今天排场大，我明天排场比你还大，后天说不定有个人比我更大。都是要面子的人啊，呵呵呵……

"比排场"是炫耀心理的重要表现。在一些移民看来，这种炫耀性消费并不是铺张浪费，反而是自身价值的体现，用他们的话来说就是"我能花就能赚"。但从长期来看，移民群体中存在的炫耀心理或炫耀性消费是一种陋习：一是客观上造成经济损失，不利于财富的积累；二是在移民群体中产生了负效应，大多数移民仍然没有达到"随心所欲"的消费层次，而炫耀行为的出现会引发其他移民嫉妒或模仿，给其他人造成较大的压力。

在安置区的生产生活中，移民群体内部建构出属于自己的群体亚文化。在"小圈子"内，他们相互关心、相互帮扶，甚至相互攀比。归根结底，这种亚文化是建立在对"同是一乡来的移民"的认同基础上的。对移民创业者来说，这种群体支持对创业活动产生了影响：既可以得到无私的帮扶，也能无私地帮扶他人。其显著的结果既可以体现在个体层面上促进个体的创业活动，也可以体现在群体层面上带动移民群体共同发展。

四　小结

本章对水库移民在创业过程中得到移民群体的支持进行了分析。在创业过程中，移民自觉或不自觉地将移民群体中的资源运用到创业中。而移民群体支持也对移民创业产生了一定的效应。

水库移民创业得到了移民群体的支持，是移民们对"同是一乡来的移民"的认同，"互帮互助"、"共同致富"成为他们的群体观念，为移民创业提供了机遇，尤其体现在给予移民创业者的帮助与慰藉和创业成功者对其他移民的拉扶上，这也成为移民在安置区生活的重要资源。

移民创业者在创业中自觉或不自觉地将移民群体支持运用到

创业中，并形成行动策略。首先，抱团创业，不仅可以抵御外部排斥，也可以避免移民群体内部的竞争，从而获取规模效益。其次，因创业成功而在移民群体中产生影响力（模范吸引），引发其他移民追随、投资和加盟，为创业活动带来劳动力、资金等方面的资源。最后，移民群体中存在德高望重、有影响力、有能力的精英人物，他们运用自己的权威影响力，采用动员的策略将移民群体中人力、物力、财力聚集到创业活动中。

移民创业得到移民群体支持也产生了一定的效应：一是移民创业中的"先富带动后富"现象。一些移民创业者在自己富起来后，带动其他移民就业、创业，从而走上群体共同富裕的道路。二是受区域文化中功利文化和奢侈习俗的影响，移民创业产生了一定的负效应，例如存在攀比和炫耀的现象。

总之，得到移民群体支持，使移民创业有了创业资源。而移民在创业中，又强化了"互帮互助"、"共同富裕"的群体观念。

第六章 创业方式：移民创业中的路径选择

前文关注到了外部环境给予移民创业的支持以及移民创业时获取外部支持的行动策略。本章将关注移民在创业中采取的具体创业方式。根据田野调查资料，笔者梳理出水库移民创业中三种典型创业方式，即专业合作经济方式、村级集体经济方式和个体私营经济方式。其中，专业合作经济方式具有显著的制度嵌入特点，[①] 移民通过合作制度来达成创业目的；村级集体经济方式有着鲜明的精英合作烙印，村内经济精英和政治精英合作，经济精英在"先富带动后富"的理念下在村集体经济中扮演实体经济的掌门人角色，政治精英在"共同富裕"的理念下协调与各方的关系，争取更多的发展资源；个体私营经济方式具有关系嵌入的特点，其中不同的社会关系网络为移民创业提供了资金、技术、信息等方面的资源，在不同程度上促进了移民创业。

一 制度嵌入：专业合作经济的创业方式

移民后，许多移民重操旧业，以种地为生，但这种分散的、

---

① 需要说明的是，笔者将三种创业方式的显著特点单独梳理出来，并不意味着该特点具有唯一性，也可能在其他方式中该特点并不显著。

孤立的农户经营模式往往并不能抵御变化莫测的农产品市场的风险。于是，移民们自发或在他人指导下组建起专业合作社，以专业合作社的形式创业。移民专业合作社是在家庭经营和自愿合作基础上由移民组成的生产经营联合体，采取股份制或股份合作制。该创业方式以生产合作为主，多分布在种养殖业（如种植粮食和蔬菜、畜禽养殖等），一般以土地或资金入股，也存在劳动力合作方式，实际生产采用记工和工资分配形式，净收益按股分配（许佳君，2008）。

（一）创业起步：内生型与外生型专业合作方式

不少学者针对农民专业合作社的起源从新制度经济学的角度进行解读。黄祖辉（2000）认为农民专业合作社组织是一种介于市场与科层之间的制度安排，而这种制度安排相比纯粹的市场安排或制度安排有着能够降低交易成本与控制成本的优势。徐旭初、黄胜忠（2009）认为目前农民专业合作社的兴起与发展，就整体而言，既非单纯的政府推行的强制性制度变迁，也不是单纯的农民在逐利动机驱使下自发行动所能实现的诱致性变迁，而是介于两者之间的政府主导下的内生需要诱导型制度变迁。谈及制度及其变迁就不能不提诺斯，在诺斯（1991）看来，制度是人们建构出来的在政治、经济和社会互动方面的限制，制度是由正式规则和非正式规则组成的，而就制度变迁而言，制度环境既决定着外部利润的存在空间，也决定着通过制度创新将外部利润内部化的可能路径。

一般认为，农民专业合作社的兴起与发展改善了农民在面对市场时的弱势地位，也可以为合作社的成员提供市场或公共部门不能提供的服务，同时增强了农民抵御风险的能力，促进农民及其所在村（点）的就业与增收（林坚、王宁，2000）。那么，为什么移民在创业的时候会选择专业合作社这种形式？通过实地调查来看，移民专业合作社主要有两种形式——内生型专业合作社和外生型专业合作社。内生型专业合作社是从事专业生产的农户为解决技术、销售等农户家庭难以解决的问题自发组建的。起初是几个农户不定期进行生产技术交流，随着生产活动的深入，农户在生产资料的购买及产品销售方面遇到了各种问题，便自发联合起来统一生产、统一销售。而外生型专业合作社是在外力的影响下，农户相互合作形成的利益联合。在自觉、自发行为之外，农户更多地受到外力的作用。当然，移民合作的特殊之处表现在内生型合作中存在因当地人排斥和为解决移民就业问题而合作的因素：一方面，移民作为外地人，在安置区成立专业合作社会遇到比当地人更多的难题，当地人往往宁愿花高价也不愿意购买移民们的产品（如前文提及的乐清 SM 蔬菜专业合作社）；另一方面，移民创业者以专业合作社的形式发展可以将部分"懒、散、滑"的移民吸引过来（如前文提及的苍南 QF 种养殖专业合作社）。外生型合作在于产品的同质性与移民相互模仿导致移民群体内部也存在竞争，需要相关部门的介入来化解矛盾并达成合作（如前文提及的平阳 ZN 农机专业合作社）。

从内生型合作和外生型合作方式中，可以看出移民们成立专业合作社基本符合水库移民群体的特点，尤其是移民面临融入安置区问题、就业问题和移民群体内部竞争问题，更需要以专业合作社形式来解决问题。当然，移民们为创业成立的专业合作社，也可以取得降低交易成本、克服集体行动的"搭便车"现象等普遍性效果。

对本书的移民专业合作社而言，尽管移民们成立专业合作社的动机或目的是理性甚至是有限理性的，但这种理性是受制于移民群体内部情境的，即是移民群体走向共同富裕的理念。专业合作社作为移民创业的载体，可以满足移民在市场上获取利润的需求，保护社员的利益并满足他们的共同需要。另外，移民专业合作社也为移民群体提供了"不离土、不离乡"而又要求不高的就业机会，谋求全体社员的共同利益。合作社与其他企业组织形式最大的区别就在于，企业组织形式主要提高效率、收益，而合作社在提供效率、收益的同时还要提供公平收益（国鲁来，2001）。

因此，移民专业合作经济创业方式成为促进移民群体就业和增收的有效路径，引领移民走向共同富裕的道路。

（二）创业发展：专业合作经济的制度化运行

在合作社的运营中，内部规则的建构要符合《中华人民共和国专业合作社法》的要求，可以克服农民自发合作中在开展分工协作类集体行动中的"偷懒"、"搭便车"等现象（吴业苗，2010）。农民专业合作经济组织发展的关键是建立健全合理的利益联结机制和利益分配机制，与农民社员结成"利益共享、风险共担"的经济共同体（孙亚范，2009）。因此，合作社内部规则制度化的建构及其运行是合作社发展和巩固创业成果的重要保障，成为创业发展阶段的主要行动内容。从整体上看，温州水库移民采取的基本上都是股份制合作式专业合作社或专业合作社加社员的模式。以 ZN 农机专业合作社为例，可以展现移民专业合作社制度化规则的建构与运作过程。

1. 股份合作制的产权安排

产权制度是一个企业正常运行的根本，也是影响企业效率的核心要素之一。著名产权经济学家阿尔钦（Alchian）把产权定义为人们在资源稀缺条件下使用的权利，或者说是人们使用资源的适当规则。一般意义上的产权包括所有权、使用权、收益权、处理权。而产权制度作为一种制度安排，具有界定、规范和保护财产关系的作用。产权制度对资源使用决策的动机有重要影响，并因此影响经济行为和经济绩效（卢现祥，2007）。专业合作经济组织只有将生产要素有机组合起来才能参与激烈的市场竞争，因此，社员之间的合作必须建立在产权合作的基础上（孙亚范，2009）。这种产权安排可以激发产权主体的投入和参与热情，解决"搭便车"问题，也可以提高效率。

2009 年 3 月 28 日，13 位发起人和全部社员召开了成员大会。经协商表决，由 13 位发起人以货币形式入股，成立了 ZN 农机专业合作社，推举 QZY 为理事长，并通过《ZN 农机专业合作社章程》。ZN 农机专业合作社是一个合作社联社性质的组织，是农民专业合作社的新兴模式，是由同类专业合作社共同出资组建一个规模更大、层次更高的合作社，目的是适应新的经营和发展需要。

表 6 - 1　ZN 农机专业合作社 13 位发起人的出资方式和出资额

成员姓名	出资额（万元）	出资比例（%）	出资方式
QZY	32	10.0	货币
DGZ	24	7.5	货币
XZY	24	7.5	货币
XFX	24	7.5	货币
YFC	24	7.5	货币
YGF	24	7.5	货币
JWL	24	7.5	货币
WKW	24	7.5	货币
ZSQ	24	7.5	货币
WSH	24	7.5	货币
WMC	24	7.5	货币
WMH	24	7.5	货币
WJL	24	7.5	货币

从表 6 - 1 可以看出，该社采用股份合作制的产权结构，13 位发起人（股东）共出资 320 万元。资本结构具有以下特点：第一，股金总额较大，每股股金之间差别较小。总额度达到 320 万元，最高出资者出资 32 万元，只比最低出资者多了 8 万元。第二，股权较为分散，最高出资者的持股比例为 10%，只比其他持股人的平均持股量 7.5% 多了 2.5 个百分点，大股东与其他股东在股份上的差异不大。当然，这种产权安排也与该社是一个合作社联社有关，前文提及该社是由 5 个移民专业合作社合并而成，分社自负盈亏。

这种建立在私有产权上的股份合作制，在合作制的基础上兼顾了股份制的特点，克服了传统合作制度的缺陷。股份合作制专业合作社在明确了产权归属后，以营利为目的，实现共同所有和民主管理，具有广泛的适应性和兼容特点，被认为是农业生产中的现代企业制度（杜吟棠，2002）。

2. 民主管理式样的治理结构

治理结构是企业或组织中识别、确定与协调成员活动、权利与义务的一种正式的制度框架。其作用在于，合理的治理结构能够使组织中形成有效的分工协作关系，合理配置组织中的各种要素和资源，将组织中的人和职位合理地搭配并发挥其应有的作用，从而实现组织的目标。专业合作社的治理结构有三种类型，分别是企业主导型、社员主导型、相关组织主导型。一项对浙江省农民专业合作社的抽样调查显示，所有的合作社都设立了社员代表大会、理事会、监事会等组织机构（马彦丽，2006）。移民专业合作社大多成立较晚，有明确的法律制度可依并有充足的经验可借鉴，因此建立并健全了组织机构。《农民专业合作社法》将治理机构分为权利、决策和监督机构，与之对应的是全体成员大会、理事会和监事会。ZN 农机专业合作社在成立时就通过了《平阳县ZN 农机专业合作社章程》（以下简称《章程》）。《章程》比较规范，共有 11 章的内容，明确规定了各组织机构的权利、责任和义务。在机构设置上，该社有成员大会、成员代表大会及理事长、执行监事、经理等职务。

该社的内部管理机构比较健全，成员大会是最高权力机构，决定着合作社的经营思路与发展方向，因此成员的产生及其代表性直接关系到组织的民主化管理程度。《章程》规定，成员大会每年召开两次，由理事长负责召集；成员大会的选举和表决实行一人一票制，成员享有一票基本表决权。因此，这种管理机制是较为民主的。当然，在实际操作过程中，成员代表大会召开的频次要比成员大会高，因此在决策中发挥的作用更明显。在问及成员大会的情况时，负责人 QZY 表示："我们社里一年两次大会，一般都是年初和年底各一次吧。年初的时候，主要是讨论一下这一年该如何发展；年底呢，最主要的就是分钱。"

3. 惠及移民的制度激励

专业合作经济的创业方式实现了劳动力和生产资料的直接结合，是一种较好的内在激励机制。在利益分配上，移民社员从合作社获取的收益主要有两个部分——盈余返还和入股分红。盈余返还与社员个体的努力息息相关，在利益的驱动下，移民社员会最大限度地努力劳动；入股分红则与合作社整体的经营水平密切相关，移民社员需要关心合作社运行，献计献策，通力合作，才能提高整体收益，最终得到较多的分红。因此，在制度激励上，专业合作经济方式惠及移民社员，满足了移民对物质利益的追求，也较好地实现了移民个人利益与移民群体"共同富裕"利益的紧密结合。

专业合作社的利益分配机制一般涉及合作社的盈余总额、提取"三金"（风险金、公积金和公益金）、股份分红占盈余的比重、按交易量（额）返利占盈余的比重。合作社盈余按税后盈余的30%提取公积金、按5%提取公益金，剩下的65%用于分红和返利。由于 ZN 农机专业合作社的性质是联社，在实际运行过程中会与《章程》稍有不同。ZN 农机专业合作社有独立的账户，每次接到合同，所有资金一律进入 ZN 农机专业合作社的账户，然后根据每家合作社的影响范围来分配任务，同时再从 ZN 农机专业合作社的账户中将相应的金额转过去。社员的收益主要有两块：一是工资；二是年终分红。2010 年每个社员都有 3 万块钱的收入，而90%的社员是移民，比一般农民的收入要高。

合作社在发展初期通过"三金"来增强自身的实力和服务能力，但在成员异质性增强的情况下，合作社按股份分红和按交易量（额）返利并不是其利益分配机制的全部内容，在实践中，需要通过提升特殊服务的价值等方式来增加社员的收益。对 ZN 农机专业合作社来说，提升特殊服务的价值是其发展的重要路径，合作社不断转型，扩充经营种类、扩大经营规模。成立之初，合作社只是一个提供农业生产产前、产中和产后农机服务的合作社，后来拓展到大规模流转土地，搞农场式的粮食生产基地，从 2010 年开始上马建设水稻工厂化育秧中心项目，2011 年上马建粮食烘干中心项目，实现了从育秧到粮食加工一条龙经营。合作社在成立时实行"六统一"管理，即统一物种、统一种子、统一机器操作、统一收割、统一烘干、统一销售，现在则是"三统一"，即统一物种和育秧、统一加工、统一品牌。

合作社社员的收入来自不同渠道，从而使不同的激励有不同的效果。一般而言，合作社对入股及分红数量有限制，而且社员入股的金额差不多，从而分红额度差异并不显著，再加上合作社处于积累和扩大规模阶段，所以入股分红的激励效果不如按交易量（额）返利的效果好。因为后一种方式是把回报收益的产权安排给移民，进而推动合作社的业务关系发展，增强社员的合作意愿。把"回报"和"生产效率"结合起来，有利于合作社生产效率的提高，扩大市场份额，增强市场竞争力。在对温州几个移民专业合作社进行田野调查时笔者发现，按股分红其实对移民群体中的发起人来说并不是最优方案，因为发起人的股份与普通社员的股份相差不多，但是发起人却在组织、协调、管理方面付出更多的精力。ZN 农机专业合作社的发起人和理事长 QZY 拥有的股份最多，但却只占全部股份的 10%，其他股东社员占股 7.5%，QZY 全年的入股分红也只比其他股东平均多 3000 元左右。

ZN 农机专业合作社的制度化规则实现了社员平等持股、民主管理、合作经营、盈利返还的规范化运作，保证了合作社的盈利能力。当然，前文提及的另外几个合作社（如 SM 蔬菜专业合作社、QF 种养殖专业合作社）的内部制度化规则的建构也是采用股份合作制原则，在制度安排上与 ZN 农机专业合作社类似。移民自发合作在市场化环境中较难维持，唯有将内生性规则替换为制度化规则，移民才能从组织中获得更多、更稳定的实惠。

二 精英合作：村级集体经济的
创业方式

水库移民在创业中取得成功，不仅改善了经济状况，实现了自身价值，也产生了示范效应，为村落中其他移民的创业指引了方向。本节将从创业起步、创业发展入手，展现汇村集体经济①的发展历程。因创业成功产生了经济精英，在其创业活动深入发展之时，村内政治精英适时介入，二者联合组建了汇村集体经济。村内经济精英和政治精英合作成为汇村集体经济发展的逻辑，合作的目的在于带领村内移民走上致富之路，增强村庄的凝聚力。

（一）创业起步：村内经济精英和政治精英的合作

农村精英或村庄精英是学界的一个传统话题。所谓的村庄精英，就是那些在农村社会中影响比较大的人物。在村庄精英的结构中，存在政治精英、经济精英和文化精英三种类型（胡杨，2009）。政治精英是指在一定政治组织中，由国家官僚体制授权和组织委托而产生，在政治权力、政治地位和政治声望等方面具有相对优势地位的成员（贺雪峰，2000）。在农村社区中，村党支部就是执政党权力的延伸，支部书记和委员成为政治精英的代表。而村民选举产生的村民委员会，是农村自治的表现，有权决定村庄事务。因此，村民委员会主任和村委会委员也是农村的政治精英。汇村是政府主导下移民搬迁安置的产物，从建村伊始就离不开政府，村内领导人基本上是在移民安置和建村时由政府相关部门委任的。当时叫做移民村的联络负责人，挑选的是那些在原村落中德高望重、具有一定影响力的移民。移民顺利安置后，负责人自然而然成为村内各种事务的联络者，代表汇村与乡镇和移民

---

① 需要说明的是，汇村的集体经济是一种新型的集体经济形式，与传统经济中集体拥有所有权不同，是集体股入股私人股的股份合作下的集体经济。

主管机构及县里其他部门协调处理相关事务。在此过程中，负责人树立起了威信，村内人也习惯找负责人帮忙。后来在村委会选举中，又顺利选出村委会主任和几名委员。可以说，在汇村，村支书、村委会主任和村委会委员是村内政治精英的代表。

贺雪峰（2000）认为经济精英的出现是改革开放以来，由于个体户、专业户的出现和乡镇企业的发展，出现了大量在经济上取得成功的农村能人。在汇村，经济精英的出现，改变了村内的发展格局，产生了示范效应，显著地表现为其他移民被其创业行动吸引，开始加入其行列或是仿效其经营。从 JYH 创办 JJ 园艺场，到 SH 园艺有限公司，再到村集体入股园艺公司，在整个创业历程中，JYH 身上的"企业家"精神是汇村组建集体经济的关键因素。熊彼特认为企业家精神包括企业家的首创精神，甘冒风险、以苦为乐的精神，敏捷和精明理智、强烈的成功欲和事业心（熊彼特，1990），更为重要的是经济精英大公无私的个人品质，以村落共同利益为出发点，舍弃前期积累成果，大度地让给村集体。

1. 介入的动机：加强村落整合

随着经营效益不断增加，JYH 希望投资建设一个新的花卉基地，谋求更大的规模效益。在邀请其他股东继续搭股以及着手建设新基地的过程中，村支书和村委会主任找 JYH 谈话，向他表达村集体在新基地中占股份的意愿，JYH 不仅欣然接受，而且将村集体的股份扩展到整个 SH 园艺有限公司。发展村级集体经济带动移民共同富裕，不仅可以显著增加移民的收入，还可以增强移民之间的凝聚力和村内的内聚力，维护村庄的内部团结和整合。所谓整合或社会整合（social integration），指的是个人与个人之间、集体与集体之间、机构与机构之间的相互包含、信任、协调与合作关系，从而产生社会凝聚力的趋势。这一社会凝聚力表现为秩序（周怡，2006）。

汇村是一个行政独立村，虽有不少政府部门的项目扶持，但是因为没有村集体经济，村集体的收入甚微，没有足够的能力进行村内集体公益事业建设。这也是困扰汇村发展的一大难题。

2010 年 6 月，JYH 找到村支书和村委会主任商谈扩大生产规模事宜，村支书和村委会主任意识到这或许是汇村组建集体经济的一个好机会。

表 6-2 统计了 2008~2010 年汇村被纳入扶持范围的两个项目。两个项目虽然都有各级政府部门拨款，但也需要自行筹措缺口资金，主要通过乡镇资助、村集体资金投入、社会捐助、村民集资和当地企业援助等方式来筹措资金。汇村因是移民村，被纳入国家大中型水库移民后期扶持范围，可以得到项目扶持，所以汇村申报项目具有"自下而上"和"自上而下"的运作逻辑。折晓叶、陈婴婴（2011）分析了两个典型村（"星村"和"桥村"）的项目进村时，认为"星村"因经济实力雄厚而积极引入各种项目，而"桥村"因经济实力薄弱只能争取普惠性质的项目，避免为此负债。汇村是经济实力较为薄弱的村庄，虽然可以享受国家后期扶持政策，但是国家拨款有限，无法满足项目需求，这就造成汇村做项目上的困惑，既想做又没有太大的能力完成项目。

表 6-2　汇村被纳入扶持范围的项目建设明细（2008~2010 年）

项目名称	建设规模	建设时间	投资来源（万元）				受益人（人）
			合计	中央和省	市和县	其他	
沼气池	改建 1 个	2008 年	20	8	2	10	320
老人活动中心	新建 1 幢 450m² 楼房	2010 年	45	13	3	29	320

集体经济是农村基础设施建设的主力军，也是发展农村社会事业的重要力量（张忠根、李华敏，2007）。从汇村的长远发展来看，村级集体经济的发展与壮大可以使村集体有能力开展村庄建设，保障村庄的公共品供给，营造更好的生产生活环境。

另外，村集体承担起"谋生责任"，并试图以此为纽带把村内移民联结起来，使移民树立勤劳致富的理念，将村落中的关注点转移到创业致富上，改变懒散的社会风气，建立良好的村落秩序，使移民真正融入当地的发展，实现共同富裕。除了上述几个动机之外，汇村政治精英还有其他的动机，如村委会主任所言："其实，搞个村集体经济还是有很多好处的，可以享受到很多优惠政策，现在惠农的政策那么多，再加上我们的移民后扶政策，是百利无一害的事情吧。"这种集体利益倾向的谋利动机，也使汇村获得了更多的发展机会。

2. 村级集体经济破土而出：股权改造

以村落共同利益为出发点的政治精英，通过非正式谈话的介入策略与经济精英达成合作。在相关部门的协助下，JYH 成功组建了 SH 园艺有限公司。精英的作用在这一过程中得到体现，两类精英各自的依托是合作的前提：政治精英依托的是村委会的政治地位，经济精英依靠的是其在村内的经济影响力。

在汇村，村支书和村委会主任在移民中有很高的威望，移民们也很信服二人。村内大大小小的事务基本上都能得到圆满解决。而 JYH 在刚安置到汇村时也负责一些村内事务，加上成立园艺有限公司时出资入股，政治精英与经济精英之间有着良好而密切的合作。政治精英的介入策略是非正式谈话，主要是村支书和村委会主任与 JYH 谈话。

显然，两位政治精英的建议能否得到采纳的决定权在于经济精英。在双方的沟通中，政治精英处于被动和弱势地位，直接原因在于这项建议对汇村集体有利，却不一定对经济精英有利。如果从科尔曼的理性行动出发，人们选择的是利益最大化的行动，在这种理性选择下人们往往倾向于选择不合作。而谈话却顺利进行，JYH 爽快地接受了村支书和村委会主任的建议。

打动 JYH 的也正是村落共同利益，在他眼中村里占股对自己并没有什么损失，为集体承担一些是理所应当的。如果从经济理性的角度看经济精英的行动，其选择合作并不一定是利益最大化的，不是理性的选择。但是从社会理性的角度来看，他的选择行为最终能带来显著的社会效益。身为移民的他，抱着感恩的心，希望能用自己微薄的力量为大家做一点事，更希望同村移民都能富裕。这种有企业家精神和企业社会责任的经济精英的存在是汇村能够发展村级集体经济的关键。

JYH 经过思考并征求乡镇、移民部门的意见后，将 SH 园艺有限公司进行了股权变更。2011 年 4 月 28 日，JYH 和其他股东、村"两委"代表签署了入股协议，对股份进行调整，并经过相关部门公正。其中创办人 JYH 占股 45%，村集体占股 18%，入股村民占股 37%。显著的变化体现在汇村集体作为股东之一，持股比例仅次于创始人，由此汇村的村级集体经济破土而出。

平阳县 SH 园艺有限公司股份协议书

由 JYH 牵头组建平阳县 SH 园艺有限公司股份协议书条约如下：

一、股份资金额 264 万元名单如下：

JYH 投入资金 118.8 万元；

MJF 投入资金 12 万元；

......

汇村投入资金 47.52 万元。

二、组织机构

负责人：JYH；会计：YRR；出纳：MJM；技术兼销售员：CGY、ZZN。

三、每月账务公开

四、每年底结账分利

以上协议共同遵守，立此书为照，协议一式拾份，盖章有效。

汇村委会 　　　　　　　　　平阳县 SH 园艺有限公司

2011 年 4 月 28 日

当然，与传统的农村集体经济相比，汇村的集体经济并不属于汇村集体所有，而是一种股份制的合作，是新型农村集体经济。再次获得资金的公司着手建设第三号花卉基地，实现了 JYH 申报温州市级农业龙头企业的梦想。从整体来看，SH 园艺有限公司由 JYH 个人负责运营，同时公司与汇村绑定在一起，其发展不仅关系到创办者、股东和加盟农户的利益，也关系着汇村集体事业的发展、村落社会秩序的维持。

（二）创业发展：村级集体经济的规范化运作

股份合作制的公司模式给 JYH 提供了更大的发展平台。公司建构起较为规范、现代的管理方式，将过去"手工作坊式"的生产转型为规模化的现代生产。这种产权安排具有社会关系嵌入性的特点。李培林认为不仅仅是对村落经济而言，产权的明晰化必须与它所嵌入的社会关系网络的转型相契合，才能建立起更有效率的经济运行体制（李培林，2004）。SH 园艺有限公司的成立和村集体的入股凸显了汇村移民群众的团结。

截至 2010 年 12 月，SH 园艺有限公司共有 3 个花卉基地，面积达 280 亩，经营非洲菊、玫瑰、天堂鸟、马蹄莲等 12 个鲜切花品种，苗木品种主要有香樟、白玉兰、红豆杉、黄杨、海桐、红叶石楠等。2009 年总产值为 305 万元，其中销售绿化苗木 105 万元、鲜切花 160 万元、盘花等 40 万元，同年被评为平阳县农业龙头企业，2010 年年产值突破 500 万元，年创利润 80 多万元，是温州地区最大的鲜切花基地之一。

1. 规范化管理

在成立之初，公司就制定了严格的章程，就公司的出资股东与股东的权利和义务，公司的机构及其产生办法、职权，议事规则，公司的财务、会计，公司的股权转让、解散和清算等事宜做出了详细、明确的规定。

其一，机构设置。作为 SH 园艺有限公司的创办人，JYH 理应成为公司的法人代表，并且负责公司的实际运营，而股东中的 MJM（汇村村支书）成为公司的监事。另外，公司聘请大学毕业生 YRR 为公司的会计。

其二，员工雇佣情况。公司中的很多员工是 JYH 创业起步时就追随他的"老人"，大家都是从一个地方搬迁来的移民，相互间的感情将大家维系在一起。这种基于"同是一乡来的移民"的感情建立起来的信任关系，加上 JYH 的人格魅力，使员工在生产中具有强烈的责任感。

2. 规模化生产

笔者 2011 年 4 月入村做田野调查时，SH 园艺有限公司正在进行第三号花卉基地的建设，在 2012 年 3 月的回访中，第三号花卉基地已经稳定生产。这样，公司拥有的第一、二、三号花卉基地都已投入运营，进入规模化生产阶段。由于公司的产品较为特殊，具有生产周期长、市场变化快、生产工艺要求高等特点，保持稳定产出成为公司发展面临的难题之一。

图 6 - 1 是笔者根据田野调查资料整理出的该公司的生产运行机制图，大体上分为三个模块：管理、生产和销售模块。其中最重要的模块是生产模块。花卉种植不像工业生产那样，只要人掌握了机器的工作原理就可以生产。花卉种植技术含量较高，用 JYH 的话来说，"这些鲜花实在太娇嫩，一点马虎不得"。

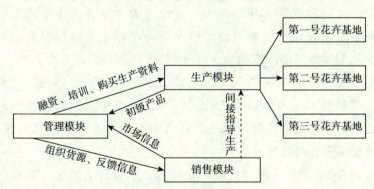

图 6 - 1 SH 园艺有限公司生产运行机制图

因此，作为公司的创办者和大股东，JYH 掌管公司的实际运行，凡事亲力亲为，尤其是鲜切花的生产，在播种、施肥、浇水和天气条件的把握等方面他都亲自指导。产品质量是公司的命脉，SH 园艺有限公司始终严把质量关，不断引进新品种，向客户积极承诺产品质量，例如在向客户发货时，公司负责人 JYH 会亲自核查鲜花的质量和包装，往往长相不好、有缺陷的鲜花会被他剔除。因其有稳定的客户群体，即产即销，供不应求成为常态。在他看来，鲜切花市场需求较大，这也是他一再扩大规模的原因。

3. 品牌化经营

拥有自己的品牌是每个创业者的梦想。品牌可以为企业带来可观的经济效益，也能帮助企业树立良好的企业形象，反过来提升品牌的美誉度。早在 2010 年 1 月 SH 园艺有限公司还没有成立时，JYH 就以"SH 园艺"向国家工商总局申请注册商标，并在 2011 年 3 月 21 日通过审批，取得了"SH"商标在第 31 类商品上的使用权。品牌的创建，可以使公司的花卉产品对外界环境的依赖程度不断降低，同时又可以依赖品牌提高花卉产品在不断变化的花卉市场上的竞争力。

农产品品牌化经营是创业者结合市场需求与自身产品，设计品牌，并取得商标权，在企业经营中逐渐得到市场认可，树立品牌形象，实现经营目标的过程。SH 园艺有限公司的品牌化经营标志着公司的发展步入新的阶段，一改过去无品牌的作坊式生产，转而走上品牌化发展的道路。目前花卉产品主要销往温州市场，与市场上其他同类产品相比，SH 园艺有限公司的花卉在色泽、长势等方面都有其独特的优势，可以说市场品牌初步形成。另外，公司组织技术工人参加生产技术培训，聘请专家担任技术顾问，严把技术关，注重用管理水平的提高带动生产水平的提高，转变小规模的管理经营模式。

随着 SH 园艺有限公司的稳定运行，其发展成果也日益显著，引起了社会各界的关注，其背后的汇村也成为"一村一基地、一村一产业"的代表。显然，从汇村的案例来看，移民创业者因创业成功而得到移民群体的支持，得到支持的创业者继续扩大其创业规模，最终达到"互利共赢"的局面，也可以增强移民之间的凝聚力和村内的内聚力，加强村庄的内部团结和整合。

三 关系嵌入：个体私营经济的创业方式

关系网络与创业之间的关系一直是学者们关注的热点话题。格兰诺维特（Granovetter）在 1973 年提出的弱关系是一种重要资源，特别是在求职过程中，弱关系创造的可能的流动机会是重要的桥梁。边燕杰则根据中国的实际情况，认为在中国社会的文化背景下，强关系而不是弱关系发挥着重要的桥梁作用（Bian，1997）。针对关系研究中强弱关系对立的二元状态，刘林平将关系划分为四种类型，即强关系、弱关系、强弱关系、弱强关系（刘林平，2006）。张继焦将城市移民就业中所涉及的关系划分为四类：一是家庭关系；二是亲缘关系，以家庭为主；三是老地缘和业缘关系，以同学、朋友、老乡等有交往和一定感情的关系为主；四是新业缘和朋友关系，以新结识的朋友、同学、同事为主（张继焦，2004）。已有的研究充分注意到关系在提供创业机遇、商业信息、资金及信任的达成等方面的作用。在温州私营经济繁荣的背景下，已有不少水库移民创业成功成为个体私营企业主。在本书中，个体私营经济①是指在水库移民创业活动中由移民个体投资或者控股、采用雇佣劳动形式、以获取利润为目的的经济形式。

每个家庭企业在创业与发展阶段都会存在"关系嵌入"现象，尤其是在创业阶段，可以说，家庭企业从一开始就存在"关系的嵌入"现象。关系的嵌入实际上是企业生成和发展的社会资本（杨光飞，2009）。通过对田野调查的资料进行分析，笔者发现水库移民在创业过程中所采用的个体私营经济方式具有关系嵌入性的显著特点，主要表现在三个方面：一是亲缘关系；二是与同乡来的移民建立的关系；三是与安置区当地人建立的关系。水库移

---

① 本研究将个体经济与私营经济联结在一起。虽然二者有一定的差别，但在这里突出的是创业者个体控制创业活动及其组织的特点。

民在社会关系网络中获得创业的机遇、信息等，是其创业成功的关键。

（一）创业起步：社会关系网络中的创业机遇

三种不同的社会关系网络给移民创业提供了不同的创业机遇，在第四章分析安置区社会环境时提及安置区产业集群提供了创业机遇，在第五章分析移民群体支持时提及"帮扶"情结提供了创业机遇。而对那些成为个体私营企业主的移民创业者来说，亲缘关系为他们提供了消除创业屏障的创业机遇。

中国传统社会是一种礼治社会，是带有差序格局性质的社会结构，依照亲属关系的远近由内向外扩展亲属关系网，这种亲属关系以亲密的血亲关系为主，妻方的亲属只有当妻子生孩子后才成为孩子的母系亲属（费孝通，1998）。亲缘关系是基于血缘和姻缘而产生的关系，与其他的关系相比，具有长期性、稳定性，由血亲关系而产生的社会关系还具有无法选择性（刘培峰，2005）。从我国法律来看，家庭关系包括夫妻关系、父母子女关系和其他家庭成员间的关系。

本书研究地点（温州）是一个著名的侨乡，从 20 世纪 20 年代开始温州人便走出国门，在世界各地就业、经商。温州境内有几个著名的华侨集中乡镇，例如永嘉县的桥头镇、七都镇和瓯北镇，瓯海区的藤桥镇，瑞安市的丽岙镇、仙岩镇，文成县的玉壶镇等都是著名的侨乡。温州侨乡现象的形成有其历史渊源，除了经济动因之外，也与"文化小传统"有关，特别是在国际移民背景下形成的移民网络。"侨乡"实际上就是移民网络的地域载体，通过移民网络，移民们可以在信息等多层面运动，形成了连锁效应（李明欢，1999）。费孝通在将温州与苏南对比时分析说"温州则是个侨乡。这地方的农民一向到海外去经营小商业，用侨汇补贴家用。解放后，国门封锁，外出受阻，大量人口到全国各地去卖工艺度日"（费孝通，1996）。

这种移民网络在起初发挥作用时往往是基于亲缘和地缘关系，

移民阿玖的创业就是在亲缘关系的庇护下开始的。阿玖，41 岁，珊溪水库移民，2000 年从文成县移民到平阳县 XJ 镇蒲村。2000 年移民后一直在杭州从事服装加工行业，后因服装库房着火致加工厂破产，几经周折，2005 年回到蒲村，在定居意大利的哥哥、姐姐的帮助下，创办了现在的平阳 TS 竹制品厂，主要生产和销售竹、木筷及其他餐具，产品远销日本、西欧等地。2010 年，该厂产值达 600 万元。

　　因幼时家境贫寒，家中孩子较多，老人们按家里的排行给他起名阿玖，而阿玖的家族中有 70 多人在欧洲生活，哥哥、姐姐在意大利工作、定居。阿玖在库区时主要以务农和打工为生，平时也做一些小买卖到处跑，成家后，一心想着做大生意的他经常出去闯。20 世纪 90 年代的时候他曾跟村里其他亲戚到杭州从事服装加工工作，而后在家人的资助下创办了一个服装加工厂，但一场意外将阿玖的数年心血付之一炬。破产后，阿玖回到蒲村以打工为生，但 2004 年一次去意大利探亲的机会改变了阿玖，回国后的阿玖在哥哥、姐姐的帮助下，又开始了二次创业。在欧洲的三个月，阿玖畅游了许多国家，但最重要的是，在哥哥的建议下，阿玖找到了新的商机。

　　　　我当时在欧洲就到处逛着玩，在我哥哥的建议下，我关注了一下那边的手工业。我就在他们那边的手工艺市场发现，他们的竹制品做得挺精致的，特别是一些餐具，我当时知道咱们国内丽水做得比较好。我觉得这是一条路，我哥同意但建议我一定要做高端的，这也就坚定了我做高端竹制品的信心。后来，我去考察了几家厂子的设备，买了几套小的。在欧洲待了三个多月，我就回平阳了。我就在想一定还是要自己做。（阿玖，平阳 TS 竹制品厂的老板）

　　对在亲缘关系庇护下创业的移民老板来说，拥有较多的亲缘关系资本是其显著特征，在创业过程中将亲缘关系资本转变为创业资本进而促进企业成长。彭玉生认为亲缘关系网络在创办私营企业方面有着积极作用，如：保护私有产权，降低交易的不确定性和成本，搭建更好的市场信息桥梁，发现创业的机遇。亲缘关系可以降低进入的门槛，提高创业成功的概率（Peng, 2004）。姜磊认为亲缘关系有为移民创业提供迁移创业所需要的资金或资本、在移民迁移创业过程中提供实际帮助和为移民创业提供劳动力资源等作用（姜磊，2010）。在创业起步阶段，亲缘关系不管是在创业资金的筹集、劳动力资源的配置方面，还是在商业信息和第一份订单的获得方面都有着无可比拟的作用。正如金耀基所言，中国社会中的人情像一种舆论一样，使得一个人对"自家人"都要予以照顾，对于越是亲密或者关系较为特殊的"自家人"则更有着帮助的义务（金耀基，1992）。

（二）创业发展：社会关系网络的限制与拓展

在创业早期阶段，创业者多依赖家人、邻居、朋友等非正式社会关系网络；在发展阶段，创业者逐渐依赖较为正式的、专业的网络来获得信息。原因在于，随着创业活动的深入，创业者所需要的信息和资源也发生了变化，原有的网络对移民创业者的帮助受到限制。

1. 创业活动扩展上的限制

建立在亲缘和移民群体基础上的社会关系网络同样属于同质性较强的社会关系网络。但在创业发展阶段，二者对移民创业者的帮助受到限制。

第一，市场信息上的局限。对水库移民来说，由于群体内的网络密度小，信息来源有限，不少移民创业者已经无法从亲缘和移民关系中获取自己所需的市场信息，需要想办法从其他关系中获取所需要的信息，以保证创业活动持续下去。

第二，扩张规模上的限制。水库移民群体中的资源差异不大，能给移民创业提供的资源也存在一定缺陷。在企业发展到一定规模后，亲缘关系和移民关系只能扮演依附的角色。与其他更成功的企业主相比，移民创业者在关系的质量上仍有差距。加入更大的企业主群体成为其继续创业的动力，显然，同质性的移民关系和亲缘关系网络此时并不能满足移民企业主多样化、差异化的创业需求。在个人努力的同时，需要拓展社会关系网络。在与安置区当地人交往中建立起来的融入性关系网络能为企业发展带来更多的资源。

第三，融资渠道上的限制。水库移民群体因整体经济实力较弱，群体内部的融资并不能满足移民企业主扩大规模的需求，他们转而寻找其他关系/机构，比如当地的企业老板、正规金融机构等。

以亲缘和移民关系等信任关系为基础形成的社会关系网络，在创业初期发挥了重要作用，促进了创业中的资源配置。然而，由于这两种社会关系网络具有天然的封闭性和排他性，限制了外部信息、资源的进入，使得其对移民创业的促进作用下降。

2. 维持成本与合作风险

移民对安置区社会关系的使用会通过互动频率的增加而使普通人关系变成一种熟人关系或一种工具性关系，而这种异质性的关系需要策略来维持。从长远来看，维持关系将给移民企业主带来直接利益，但是客观上往往需要耗费成本。另外，安置区社会中也存在潜在的风险，特别是移民企业主与当地人的合作存在风险。

第一，维持关系耗费成本。与亲缘关系和移民关系具有先赋性的起源不同，安置区社会对移民来说是一种自致性的环境。同时在交往互动中，对移民企业主有利的融入性关系还需要维持，而这往往需要耗费成本。以"投入"换取"产出"是安置区社会关系维持中的中心目的，即使有些关系的作用并不是立竿见影。

第二，合作中的风险问题。在安置区社会环境下，移民创业者需要与不同的人群交往互动，才能获取更多的创业信息和创业资源。同时与他们合作，也可以给创业带来便利。但随之而来的是合作中的风险问题。

以前文提到的晨光集团 LM 厂和平阳 YM 机械模具厂的老板 XCE 为例，他在创业过程中就遇到过与当地人合作时被欺骗的事。那是在 XCE 的厂房被台风"桑美"刮倒之后，在移民们的帮助下，XCE 把厂房又建起来了。当时，他因为资金有限找了一个当地朋友投资。正当他购入设备准备大干一场的时候，那位当地人却放弃投资，把资金挪走。由于缺乏法律意识，XCE 并没有和那位朋友签订合同。没有资金购买设备，再加上移民们已经帮助他建了厂房，走投无路的 XCE 只好将厂房租给他人做仓库以换取资金。

建好厂房之后，我可能没有太多的资金去购置设备了，应该去找个合伙人。当时，在朋友的介绍下，找了个人，他当时有部分资金没地方投，我说你投到我这里吧，算股份，年底分红，他当时答应了。可是等我建好厂房了，要买设备了去找他，他却说资金拿去做其他的了。我当时很生气呀，做人怎么能这样，不讲信用嘛。他们都说我傻，早该跟他签合同的。（XCE，晨光集团 LM 厂和平阳 YM 机械模具厂的老板）

安置区社会关系的维持成本和合作风险问题是移民在创业中遇到的两大难题，但是从长远来看，安置区社会关系带来的实际利益显然要大于其他几种关系带来的利益，不管是"利大于弊"还是"弊大于利"，能为移民创业带来益处的就是重要资源。因此，不少移民创业者采取拓展社会关系网络的方式来获取社会环境支持，具体方式已在第四章第二节论述，在此不赘述。

四　小结

本章描述了移民创业的三种典型方式，即专业合作经济方式、村级集体经济方式、个体私营经济方式。笔者从创业起步和发展阶段入手对三种方式进行了分析，在论述中着重介绍了移民创业者选取何种方式创业，同时，关注移民创业者如何采取措施拓展创业活动。

专业合作社是水库移民创业时采用较多的形式，具有显著的制度嵌入特点。在创业起步阶段，移民专业合作社存在内生型合作与外生型合作的情况：主要因当地人的排斥与竞争而自发合作，为解决移民就业问题而自发合作，因移民间竞争而产生合作。在创业发展阶段，移民专业合作社内部制度化规则的建构与运行是合作社发展和巩固创业成果的重要保障：第一，合作社的产权安排采用股份合作制；第二，民主管理式样的治理结构；第三，合作社惠及移民的制度激励。

村级集体经济的创业方式在移民创业中并不多见，但是却有典型性。汇村政治精英与经济精英联手组建村级集体经济。梳理该创业方式，其独特之处在于创业上的精英烙印，体现在：第一，经济精英依靠自己多年摸爬滚打艰苦创业，有了一定的经济实力和经验，抵御风险的能力得以增强，实现了自身的价值；第二，经济精英与政治精英的默契合作是汇村集体经济发展乃至成为典型的重要保障，两者分工协作，不仅给村里带来了发展资源，也为公司带来了其他资源，可谓"一荣俱荣"。

个体私营经济的创业方式较为普遍，具有关系嵌入性特点。对移民创业者来说，亲缘关系、移民关系、与当地人建立的融入性关系是三种最为重要的关系。在创业起步阶段，三种社会关系网络都提供了创业的信息和机遇，如降低进入门槛等。在创业发展阶段，不同的社会关系网络对移民创业者的帮助受到限制，如创业活动扩展上的限制和合作风险，而这就需要移民创业者拓社会关系网络，增强关系的异质性。总之，移民在创业起步和发展过程中，社会关系网络集中于能提供所需资源的关键人群（Hansen，1995）。

第七章　水库移民创业逻辑：理性选择与社会建构

从前文的描述和分析中可以看出，水库移民创业既表现出受各种结构性要素影响的一面，也表现出具有主体选择性的另一面。对三种典型创业方式的对比分析，可以帮助我们理解水库移民创业过程中结构约束和理性选择是怎样互动的。同时借助对移民身份建构与运作过程的分析，可以帮助我们理解在结构约束下，移民在创业过程中理性获取创业资源的行动策略。基于此，可以梳理出水库移民创业的逻辑，理解移民创业方式存在差异的根源。

一　结构约束与理性选择的互动：移民创业方式的比较

结构与行动的关系在社会学研究中一直是一个主题，也形成了三种解释范式，即结构范式、行动范式和社会建构范式。结构范式关注结构对行为的决定性和制约性，即结构解释行动；而行动范式关注行动对结构生成的作用，即行动解释结构；社会建构范式缓和了结构和行动的二元对立，把二者的互动与相互作用结合起来，用结构解释行动，也用行动解释结构。理性充当行动与结构相互建构中的桥梁。因为行动者是有目的、有意图并具有反思性的，且是在结构约束下发挥能动性的，说明行动受到人类意识的支配。本节关注的是，在社会结构约束与主体选择的互动下，水库移民的创业方式产生了差异。笔者从生存理性、经济理性和社会理性三种理性类型的角度，对移民创业中存在的普遍性知识进行归纳与总结，并从发展目标、组织形式等角度对三种典型创业方式进行比较分析，梳理水库移民创业方式的差异。在对水库移民创业所具有的普遍性和特殊性进行归纳的基础上，分析水库移民创业的特点。

（一）创业中的理性：从生存理性、经济理性到社会理性

"理性"概念是社会科学研究普遍使用的概念之一，不同学科和不同学者对其的理解各有不同。笔者采用科尔曼（1999）对理性的解读，即理性是人有目的、有意图的行动准则，是人在行动中调解的能力，包括对目的、动机的选择和确认。就理性类型的划分来说，有很多标准，相应地形成了不同的类型。从人理性追求的目的划分，可以分为生存理性、经济理性和社会理性。

移民选择创业参与市场实践，其个人成为创业行动的主体。能动的个人在社会情境中行动，其行动的结果是寻求利益的最大化。创业起步后，吃苦耐劳、勤勤恳恳的移民进入创业实践阶段。随着创业的深入，移民超越了单纯满足温饱需求的初始阶段，进入追求利益最大化的"经济理性"阶段，甚至不少移民创业者已进入追求"社会理性"的阶段。

1. 移民创业中的生存理性

斯科特在其东南亚小农生计研究中指出，小农的经济动机是规避风险和与自然建立互惠关系，是一种对抗外来生计压力的"生存理性"（Scott，1976）。这种理性首先考虑的是安全第一的生存原则，而不是寻求利益最大化或效益合理化（文军，2001）。满足生存需求是人存在的最低要求，正如马斯洛需求层次理论将人的基本需求界定为生理需求。人们在寻求最基本的物质资料的过程中，总是要思考、鉴别与选择，也需要结合自己的条件来行动，而这恰恰就是人的理性的表现。

对水库移民创业来说，应对生存压力的生存理性选择是移民创业的重要原因之一。移民的生存压力既表现为资源环境等自然条件方面的压力，也包括社会结构性层面的压力。就自然条件来说，移民的生产条件和生产方式与安置区环境之间的差异导致他们在安置区面临生产生活困境，生存压力也由此不断增加。就社会结构性层面的压力而言，移民在安置区的生产生活面临社会整合问题，需要适应安置区的社会、文化氛围，同时也面临被边缘化的风险，而这种社会结构性层面的压力给移民带来更多的心理压迫感和危机感。那么面对生存危机，他们为什么要选择创业呢？直接原因主要有两个：一是安置区附近的务工收入较低，或人均 0.3 亩的责任田，使移民无法有足够的积蓄以保障整个家庭的生活；二是仅靠打工为生面临风险，不少移民在务工方面有一定的劣势，例如技能单一、年纪偏大等，使他们在劳动力市场上终将被淘汰出局。为了满足现实的生存需求，移民们冒着风险去创业，即使创业失败，他们也可以退而求其次，选择种地和以打工为生维持基本生活。

2. 移民创业中的经济理性

经济理性是从经济学的"经济理性人"假设出发的，指的是以最小的代价来换取行动的最大化经济利益。当然，就农民是否具有经济理性，学界一直存在争论。[①] 舒尔茨认为小农也是"经济人"，具有企业家精神，同样富有冒险进取精神。虽然由于种种技术和资本的限制，经济规模较小、收益低，但是一旦有新的经济刺激，他们可以进行改造活动（Schultz，1964）。波普金则认为小农的行动选择跟公司投资者一样，完全是在权衡各种利弊后为追求利益最大化做出的（Popkin，1979）。

从移民创业的整个流程来看，移民对创业项目的选择、创业资源的获取、创业组织形式的选取、创业组织的实际运营等都需

---

① 例如，韦伯在论述新教伦理和资本主义精神之间的亲和性时，曾对农民的传统主义行为方式进行分析，认为农民的传统主义行为是非理性的；恰亚诺夫（1996）在对俄国小农的研究中认为，农户的行为具有家庭农场性质，追求的是家庭生计需求的满足。

要经济理性来作为支撑，否则创业活动无法开展。选择行业是创业者的头等大事（宋坤，2006）。在创业项目的选择上，移民们倾向于选择跟过去生活经验密切相关、风险小、投资小或者是周围他人已经取得成功的创业项目。移民们是在经过深思熟虑后选择那些符合自己偏好并且有机会取得成功的创业项目。例如，在专业合作经济创业方式中，许多移民是因为自己有从事农业种植的经历，而形成对发展规模种养殖业的稳定偏好，同时在充分算计后，因受制于自身资本条件而选择与他人采用股份合作的形式发展合作经济。另外，创业者的经济理性决定了其创业的深度和广度，尤其体现在创业者对创业机遇的识别和把握上。例如，汇村经济精英 JYH 把握住三次扩大生产规模的机会并获得成功，依靠的就是通过扩大生产规模、提高产量，抓住了市场上对鲜切花的巨大需求。

3. 移民创业中的社会理性

与经济理性强调效益或利益最大化不同，社会理性是在追求效益或利益最大化的过程中，寻求一个令人满意的或足够好的行动程序。人的社会理性追求的不仅限于单纯的经济效益或利益，也会追求权力、地位、声望、文化、情感等多方面的利益，并且这些利益是相互交错的。社会理性是在经济理性的基础上更深层次的理性表现，同时也是理性选择的更高级表现形式（文军，2001）。

水库移民群体来自贫穷、落后的山区，在库区时的生活习惯、经济条件与安置区当地人有一定的差距，在安置区往往被贴上"移民＝落后"的标签，可以说移民群体在安置区的社会地位与声望低下。改变的突破口就在于移民群体经济地位的提升。如果移民群体的经济条件赶上甚至超过了安置区当地人的经济条件，那么移民群体的社会声望也会随之显著提高。而较为快速、有效地改善经济地位的方式就是创业。创业不仅可以改善创业者家庭的经济地位，而且在移民群体所拥有的"共同富裕"的理念下，创业成功者对其他移民的创业起到了模范带动作用。移民追求改善经济地位的创业行动，催生了移民对社会理性的追求。由此也可以看出，水库移民的创业行动呈现由生存理性到经济理性，再到社会理性三个阶段的变化趋势。

虽然移民创业表现出生存理性求生存、经济理性求经济效益、社会理性求社会效益的差异与变化，但三者并不是孤立的、互不相干的，相反，它们是相互联系、相互渗透的。移民创业的目标追求是复合的，并不是单一指向。第一，在创业的不同发展阶段有不同的追求目标，如创业起步阶段追求生存，创业发展阶段追求经济效益，创业成熟阶段追求社会效益，等等；第二，因自身条件不同有不同的追求目标，最显著的表现是移民群体中的精英人物为带动村内其他移民就业而选择创业，在经济理性之余，更多地体现了社会理性；第三，不同的创业方式有不同的追求目标，例如专业合作经济和村级集体经济方式对社会效益的追求要比对经济效益的追求更加突出，而个体私营经济方式追求经济效益要比追求社会效益更加突出。

（二）创业中的理性选择：移民创业方式的差异

水库移民创业是主体选择和结构约束结果，是二者的统一。移民在各种具体情境下选择创业方式，体现出其是有意识、有目的的行动者，而这种选择又离不开情境因素，涉及家庭背景、国家政策、经济形势等多个方面。从前文对三种典型创业方式的描述中，我们也看到了移民创业方式差异所体现出的主体选择与结构约束。对比三种典型的创业方式，其差异主要体现在发展目标、组织形式和发展逻辑三个方面（见表7-1）。

表7-1 移民创业的三种典型方式对比

	专业合作经济方式	村级集体经济方式	个体私营经济方式
发展目标	获取盈利并合理分配	获取利润并增强集体实力	获取利润
组织形式	股份制专业合作社	股份制公司	私人公司或工厂
产权结构	有差别的共同占有	按股份多少占有	个人占有

续表

	专业合作经济方式	村级集体经济方式	个体私营经济方式
管理决策权	一股一票制	一股一票制	无制度保证
联合方式	资本与劳动双重联合	资本与劳动部分联合	资本与劳动双重联合
发展逻辑	制度嵌入	精英合作	关系嵌入

1. 创业发展目标的差异

三种创业方式在发展目标上存在差异。其一，专业合作经济方式追求的是获取盈利并合理分配，这也符合专业合作组织形态的要求。合作社盈利后，在提取"三金"（风险金、公积金和公益金）后按照股份分红或者按交易量（额）返利。其二，村级集体经济方式追求的是获取利润并增强集体实力。在获取利润后，除了股东分红和提取村级发展资金外，利润被用于扩大再生产、壮大集体企业的经济实力。其三，个体私营经济方式追求的是获取利润，满足创业者的个体需求以及维持创业项目的正常运营，创业者有充足的个人选择自由和权利。

不同创业方式有不同发展目标的原因在于，不同创业方式的发展战略和辐射范围不同，像专业合作经济方式辐射的是以资本形式入股合作社的社员，首先保障的是合作社社员的利益；村级集体经济方式辐射的也是以资本形式入股公司的股东，但是首先保障的是公司整体的发展，即集体经济实力；个体私营经济方式的辐射范围只有既是出资人又是所有人的创办者，其首先考虑的是获取利润，以保障创业项目继续运营。

2. 创业组织形式的差异

就水库移民创业者选择的组织形式而言，三种创业方式有着很大的不同，也造成了三者在产权结构和治理结构上的差异。其一，专业合作经济方式采用的是股份制专业合作社的组织形式，受到国家相关法律的保护，并且也是国家大力鼓励和支持的发展形式，既追求效率又追求公平。在产权结构上，根据股份比例实行有差别的共同占有，并且享有管理决策的投票权。股东既是出资者又是劳动者，是一种资本和劳动双重联合的方式。其二，村级集体经济方式采用的是股份制公司的组织形式，创办者、个人股东和村集体共同出资占有公司股份，是一种新型的村级集体经济形式。在产权结构上，按股份多少来占有，并且享有管理决策的投票权。所有者和经营者并不完全分离，创办者既是股东也是实际经营者，部分股东也参与管理，是资本和劳动部分联合的方式。其三，个体私营经济方式采用的是私人公司或工厂的组织形式，由创办者个人独自创办，产权归创办者独自占有，在管理决策上并没有制度保障，完全依靠个人意志。创办者既是所有者，也是经营者，也是资本和劳动双重联合的方式。

可以说，嵌入社会中的制度安排是造成不同创业方式采用不同组织形式的根本原因。一般来说，不同的组织形式都有明确的规章制度可以依据，例如专业合作经济方式对应《中华人民共和国专业合作社法》，村级集体经济方式和个体私营经济方式对应《中华人民共和国公司法》，与之相对应的是不同组织形式有不同的审批程序。制度层面的约束给移民创业提供了行动指南，移民根据自己面对的情境和条件理性选择较为适合自己创业的组织形式。显然，移民创业时所选择的组织形式受到了结构性要素的影响，是一种结构约束下理性选择的典型表现，体现了移民理性选择和结构约束之间的互动。

3. 创业发展逻辑的差异

前文在描述三种创业方式时，在对移民创业者创业过程的描述中已经梳理出其各自的发展逻辑，分别是制度嵌入、精英合作和关系嵌入的逻辑。

移民采用专业合作经济方式的逻辑在于，通过正式制度和非正式制度可以获得制度资源。第一，通过正式制度获得发展资源。国家和地方出台的法规提供了清晰的章程与程序，也打消了移民的发展顾虑，更重要的是移民可以从扶持政策中获得发展资源，特别是政府资助的建设项目将合作社的发展带入新的阶段。第二，借非正式制度获取发展资源。移民的市场意识、经营头脑与企业家精神在合作社的发展中发挥着至关重要的作用。而合作社外部关系的经营，尤其是与政府相关部门、村干部和村落内部及媒体关系的经营，可以为合作社的发展带来不同的发展资源。

移民采用村级集体经济方式的逻辑在于精英合作。村内经济精英的创业，激起村内其他移民的创业热情，经济精英创业的辐射效应得以显现。与村政治精英合作后，发展集体经济，并在地方政府那儿成为发展典型，获得更多的发展资源，以发展村集体经济的名义引领移民致富。经济精英在"先富带动后富"的理念下在村集体经济发展中扮演实体经济的掌门人角色，政治精英在"共同富裕"的理念下协调与各级地方政府部门的关系，争取更多的发展资源。

移民采用个体私营经济方式具有显著的关系嵌入特点，主要有三种关系：亲缘关系、移民关系、融入性关系。亲缘关系，尤其是温州人流动的网络，不仅可以给移民创业者带来创业所需的信息和机遇，也可以提供资金支持、劳动力资源和精神上的慰藉。移民关系是移民群体独有的一种社会关系，具有类亲缘和地缘关系的特性。移民在创业中往往有"共同富裕"的想法，特别是创业成功者会带动其他移民就业、创业，而移民创业者可以从移民关系中获得情感支持、资金支持和实际的帮助。融入性关系是移民群体在安置区新构建的一种社会关系，移民嵌入在融入性关系中，安置区的区位优势和创业理念给移民创业带来一定影响，同时，通过拓展行动，新构建的融入性关系在创业中起到越来越重要的作用，尤其是在创业信息的提供和创业困难的克服方面。

二　理性选择与资源获取：移民身份的建构

移民创业是在理性选择与结构约束的互动中进行的，不过移民的理性选择在结构约束下往往能做到最大化。通过梳理研究资料，笔者发现移民存在对移民身份使用的偏好，可以说，移民身份的建构与运作是移民理性选择的集中体现。身份一般泛指某人或某一群体的出身及其所处的社会地位，是在文化语境下人们对个人经历、社会地位的一种认知和建构。而社会身份指的是某人因归属于某社会群体而具有的成员身份，这种身份给群体内的成员带来了强烈的价值感和情感上的认同感与归属感。费孝通将中国的社会结构与西方相比，将中国的社会结构看成"差序格局"，群己关系没有明确的界分，人情、关系具有特别重要的意义（费孝通，1998）。水库移民群体在安置区的生活，在"差序格局"的基础上，也因移民搬迁安置的缘故渐渐地对"同是一乡来的移民"产生归属感和认同感，移民个体在主观层面将"我是移民"的特征内化并建构行动。而在客观层面，结构中的政策、政府行为以及安置区社会环境等外在因素也影响着移民对移民群体的认同感和归属感。在此过程中，移民的身份意识逐渐清晰，特别是当这种身份能为自己在安置区的生活不断带来各种外在利益时，移民就在其创业活动中建构出一套将移民身份效益最大化的行动策略。

在社会学的研究中，身份常常与角色、类别联系在一起，而身份建构则是建立在身份认同的基础上，通过自我与所属群体、其他主体进行互动，在互动中对身份进行定义、修正，过程中也有一些外部力量的作用（陈映芳，2005）。水库移民身份是建构在移民主观上认同的基础上，而社会结构中移民搬迁安置、移民主管部门的存在、国家后期扶持政策等则是移民身份建构的客观维度，也构成了移民身份建构的实践逻辑。

2006 年 5 月 17 日，国务院出台《国务院关于完善大中型水库移民后期扶持政策的意见》（国发〔17〕号文），标志着国家层面的大中型水库移民后期扶持政策登上历史舞台。该文件对扶持对象、期限、方式都做出了明确说明。简要地讲，后期扶持政策的内容主要是对纳入扶持范围的大中型水库的农村移民进行为期 20 年的扶持。[①]对纳入扶持范围的移民每人每年补助 600 元，做到"一个尽量，

---

① 据统计，截至 2006 年 6 月 30 日，纳入大中型水库移民后期扶持范围的移民人口多达 2288 万。

两个可以"，即尽量发放到移民个人手中，也可以进行项目扶持，还可以采取两者结合的方式。其中对 2006 年 6 月 30 日已经搬迁的水库移民人口进行一次核定，不再调整。后期扶持政策的出台，给了移民极大的鼓舞，用移民的话来说，"国家没有忘记我们"。在国家权力再次介入下，水库移民身份得到固化，不仅具有表征意义（为国家做出了贡献），也具有重要的物质意义（直补资金和项目扶持）。正因如此，移民身份出现了转机，以前是"谈移民色变"，现在则是"当移民真好"，后来演化成移民身份成了"香饽饽"。

（一）国家在场的移民人口认定

大中型水库移民人口核定登记是贯彻落实水库移民后期扶持政策最关键、最核心、最基础的工作，关系到移民群众的切身利益，关系到库区和移民安置区的社会稳定和长远发展。

根据国发〔2006〕17 号文件的要求，各省级人民政府可以根据自身实际情况出台实施细则，浙江省出台了《浙江省大中型水库农村移民后期扶持人口核定登记办法》，根据户籍地登记管理原则，按后期扶持人口、核定登记到户（直补到人）、不核定登记到户（项目扶持）分别进行登记。在调查中，笔者收集到了当时移民人口认定的一些资料，主要有深入各村移民家中登记、资料甄别验证、户主签字、填写移民人口核定登记表、村民代表大会认定、村"两委"初审把关并签字盖章、在行政村（组）张榜公示、乡镇派出所户籍审查、乡镇政府审核后公示、各移民办逐一对照移民原始资料核定后公示等程序。大致可以分为三个阶段，具体做法和步骤如下。

（1）第一阶段：宣传动员阶段

第一，宣传动员。广泛宣传国务院 17 号文件及有关移民后期扶持政策配套文件和省、市政府的政策文件精神，将人口核定登记办法予以公告。

第二，摸底调查。以村组为单位弄清原迁人口搬迁的户数和现在的人口分布情况。

（2）第二阶段：核定登记阶段

第一，各户申报。群众根据移民身份界定条件进行申报，村移民身份审查委员会或监督委员会（由村"两委"成员、组长、党员、移民和 60 岁及以上老人组成，成员 5~7 人）对各户申报的情况进行审查，逐户进行认定。

第二，逐户登记。将认定的结果，在所在村张榜公示 5 天，群众无异议后，由村登记员统一以户为单位进行登记，填写农村移民人口核定登记表。

第三，上报乡镇。登记结果在村移民身份监督委员会的监督下，由村、组负责人签字盖章，并以村为单位汇总上报到所在乡镇。

第四，逐户核查。公安户籍管理部门对村上报的登记结果，对照户籍册，逐户核查移民身份，并签字盖章。

第五，逐户审核。乡镇对村上报的登记结果，逐户进行审核，签字盖章，并以乡镇为单位汇总上报到县移民管理机构审查。

（3）第三阶段：验收阶段

进行乡（镇）自查验收、县级验收和市级抽查验收，以检验大中型水库移民人口核定登记结果。

在温州乐清淡溪镇 LC 村，要不是 2006 年移民人口核定，村民早已淡忘了自己是移民的身份了。因兴建淡溪水库，1958~1960 年 LC 村的村民整体搬迁。据村支书 XHG 回忆，"当年搬迁的时候整个村子只有 100 多户，750 人口"。而核定到户到人的 LC 村移民有 617 户 1613 人。在移民长达半个世纪后，国家后期扶持政策的出台确定了他们的移民身份，补偿他们因兴建水库造成的损失。

可见，地方政府顺利完成了人口核定登记工作，代表国家对水库移民身份的认定和接纳。在经过移民人口认定后，有移民看到自己的名字登记在册，高兴地开玩笑说："我们现在也是国家的人啦！"

（二）赋予移民身份积极意义

《国务院关于完善大中型水库移民后期扶持政策的意见》明确

提出后期扶持目标：近期目标是解决水库移民的温饱问题以及库区和移民安置区基础设施薄弱的突出问题；中长期目标是加强库区和移民安置区基础设施和生态环境建设，改善移民生产生活条件，促进经济发展，增加移民收入，使移民生活水平不断提高，逐步达到当地农村平均水平。为实现这两个目标，采用直补到人和项目扶持的方式。

直补到人是扶持中的重要措施，通俗地讲，就是对核定到户到人的移民进行每人每年 600 元的资金发放，发放周期为 20 年。谈及资金发放，不少人都会产生疑问：会不会存在"层层提留"的问题。在田野调查中，就此问题笔者详细了解了资金发放的程序。温州市各县（市、区）统一在县（区）联社通过开设移民个人账户，采取"活期储蓄存折"的方式代为发放。主要步骤是：年度公示、汇总审核、划拨资金、设立专户、现金打卡、卡发放、最终直补资金发放到移民手中。在调查中，一位老移民深情地说："作为老库区的移民，从家乡离开算算时间已经有几十年了。现在国家能给我们 600 块每年，我很满足。有了这个钱，日子要好过多了。国家和党对我们移民的关心，让我们这些移民啊，有了依靠，有了力量，感谢政府对我们的关心。"

项目扶持是扶持中另一措施，简单地说，就是对不能核定到户到人的移民进行项目扶持，主要是开展基础设施项目、生产开发项目、科技推广项目和其他项目等。项目扶持政策的实施，催生了移民群体踊跃申报项目的热情。①

　　现在我走在大街上腰杆都很直的，我们是移民啊，多么光荣啊！我们这些移民终于在我们这个村扬眉吐气了一把。让这些当地人再瞧不起我们，哼！怎么样啊？国家还是对我们不错，都搬迁快十年了，还能记得我们哦。（访谈记录2011 0508，Y某，苍南县 X 村移民）

---

① 关于移民申报项目及其运作情况已在第五章论述。

村里人都开始羡慕我们啦，你看啊，我们每人每年600块钱，像我们家里有5口人，这一下子一年就多出3000块钱啦。刚开始一听说发钱，当地人也不少去闹的，说他们也吃亏了，也应该补偿他们。他们不懂国家政策哦，国家是来补偿我们的哦。自从开始扶持，我们村里本地人也跟着沾光了，像去年村里进行道路整治就使用了我们的移民资金。（访谈记录20110411，Z某，乐清市林村移民）

由此可以看出，国家给水库移民身份赋予了积极意义：一方面体现出对移民群体"舍小家、顾大家"牺牲奉献精神的认可；另一方面给移民带来了实实在在的物质利益，成为移民创业可以使用的资源。以往被安置区当地人建构起来的移民身份，被移民们当作一种"污名化"的羞辱或符号，带给移民们更多的负面影响，而后期扶持政策建构出水库移民新的身份并类别化，移民身份有了正面意义。

（三）移民们积极追逐移民身份

在大中型水库移民人口核定阶段，在移民中间出现了"怕当移民"转变为"争当移民"的现象。当水库移民有这么多好处，也有人动起了歪心思，通过造假的方式来获取移民身份，享受后期扶持政策。一些基层政府部门执行政策不严格，迎合了某些当地人"争当移民"的心理，为他们提供虚假材料，使他们顺利拿到核定登记移民人口身份的有关证明、证件等。例如，在2011年11月15日，经他人举报，温州市移民办在调查和研究后做出关于取消YJQ、YZQ移民身份的决定，内容如下：

经查，为获取YJQ、YZQ珊溪水库移民身份，户主YSD在库区移民人口核定时提供虚假材料。经研究，现做出如下处理：

1. 取消 YJQ、YZQ 2 人的珊溪水库移民身份。

2. 取消 YJQ、YZQ 2 人享受的大中型水库移民后期扶持直补资金资格。

温州市移民安置办公室

2011 年 11 月 25 日印发

当然，对于这种虚假申报现象，笔者更关注的是：他们为什么造假？在与一名温州市移民办工作人员闲聊时笔者得知，"他们都是冲着钱去的，20 年的直补啊，这可是国家白发的，有些人就找关系办假手续搞下来的。查是查不出来的，因为他的手续是齐全的，但是当地老百姓心里是清楚的，谁是移民，谁不是移民。有的可能觉得不公平，让那些不是移民的也占了便宜，所以就举报的"。可见，利益与移民身份捆绑在一起，"当移民真好"的观念开始在移民中流行起来。

在移民人口核定登记结束、移民身份认定尘埃落定后，移民们的移民身份成为追逐对象，以往的歧视与排斥渐渐远去。当然，也有当地人存在"羡慕、嫉妒、恨"心理。以移民就业来说，在没有后期扶持政策的时候，移民去当地工厂找活干是比较困难的，前文也提及，工厂一听是移民便不录用。而后期扶持政策出台后，不少工厂却转变了态度，原因就在于"有利可图"：地方政府公布的实施细则中有一条"接纳移民就业人数 20 人（签订 1 年以上期限劳动合同并缴纳社会保险费）以上的企业给予一定物质奖励"。

> 我们这里有不少人在办合作社和企业的时候，都找移民的，要是移民创办的企业，或者是招用移民干活都可以套用很多政策，享受优惠。村子里要是有移民可以做项目的，修路啊、河道驳坎啊什么的都可以申请移民资金的。所以啊，我们移民现在地位不一样啦，也是有身份的人哦。（访谈记录 20100408，QZY，ZN 农机专业合作社负责人）

总之，国家后期扶持政策的出台，代表国家在制度层面对水库移民身份进行了重新认定，在某种程度上也将水库移民的身份固化。第一，后期扶持政策由中央政府制定，使移民身份有法可依、① 有据可查，同时为实施后期扶持政策而设置的专门管理机构成为移民身份的保障；第二，后期扶持政策的实施，唤醒了当地人对"他们是移民"的认知，去除原有的污名化标签，并再次为水库移民群体贴上新的标签，即他们可以享受后期扶持政策，成为他们眼中的特殊群体；第三，后期扶持政策给移民身份赋予了积极意义，给移民在安置区生活带来希望和信心，同时也为移民带来切实利益，移民建构起一套行动策略，试图将移民身份的效益最大化。

前文对移民专业合作经济、村级集体经济和个体私营经济创业方式进行分析时都提到了"资源"，特别是移民对资源的使用。那么移民到底拥有哪些资源呢？从实地调查来看，对水库移民来说，移民身份可以带来两大类资源：一是移民身份资源，赋予水库移民合法的身份和地位并给予情感上的慰藉；二是政府赋予移民的新资源，主要包括政府给予移民群体发展经济上的政策优惠以及倡导安置区社会各方面予以帮扶。

三　水库移民创业的双重嵌入：
个体理性与社会建构

通过梳理水库移民的创业实践可以看出，移民创业具有双重嵌入特点，即个体理性和社会建构相结合的双重嵌入。这种双重嵌入指的是，从表面上看，移民的创业行动是理性的，移民选择创业具有一定的目标和动机，并且在创业过程中会反思其目标和行动，根据当时的情境做出选择；从深层次来看，移民的创业受到结构性要素的影响，具有建构性，是社会建构的结果。一方面，

---

① 在移民们看来，中国的红头文件就是"法"，比法律条文要实用。

在理性追求和反思下，移民的创业行动受到移民自己的建构；另一方面，移民理性的创业又受到政府行为、群体亚文化、传统的地域文化、具体情境等结构性要素的影响，是社会建构的结果。因此，水库移民创业是在个体理性和社会建构的双重嵌入下发生的，整个创业过程也是个体理性和社会建构的有机结合。

其一，从表面上看，水库移民创业是理性的，具体表现为创业中个体的理性化选择。从前文对三种典型创业方式的描述及其对比分析中，我们可以看到在创业中水库移民个体理性发挥的历程，及其显露出的理性逻辑。主要表现在以下三个方面：首先，理性体现在水库移民创业的整个过程中。移民创业的动机、创业行业的选择、创业组织形式的选择以及创业资源的获取等都体现了移民的个体理性，表现出创业行动的理性化。其次，水库移民创业存在生存理性、经济理性和社会理性的差异。创业的不同发展阶段、创业的不同方式有不同的追求目标。最后，移民身份的建构与运作是移民理性选择的集中体现。通过对移民身份效益最大化的运作，移民可以获得更多的创业资源。

其二，从深层次来看，水库移民的创业具有社会建构性，呈现理性的社会建构特点。主要体现在两个方面：第一，从微观上看，移民自己建构着创业行动，说明行动具有理性，而移民的创业行动又受到自己的观念、意识和动机的建构；第二，从宏观上看，移民的创业行动又是社会建构的，前文的分析中已经论述了移民创业得到政府和群体亚文化的支持，同时还受到地域文化、具体情境等其他结构性要素的建构。

在国家扶持水库移民群体发展的大背景下，水库移民创业虽有不同的行为差异，但背后也有着共同的发展逻辑。一方面，水库移民创业是理性追求和选择的结果。移民在创业中表现出对生存理性、经济理性和社会理性等不同理性的追求，体现为对创业组织形式及创业方式有不同的偏好。另一方面，水库移民创业又是结构和行动相互建构的结果。在各种结构约束下移民理性地选择创业组织形式、创业方式等，并根据具体的情况不断调整策略以获取创业成功，体现出个体理性在结构约束和行动选择中的中介作用，即结构与行动互动与互构。个体理性与社会建构的双重嵌入，使得水库移民在创业中存在差异。只有深刻认识水库移民创业的深层机理，才不至于被创业中的各种乱象所迷惑。因此，水库移民创业的逻辑就在于个体理性与社会建构的双重嵌入。

四　小结

虽然移民的创业是个人行为，但是作为社会人，不可避免地会受到社会因素的影响。不过，我们也可以看到移民创业具有主体选择性，且具有理性。在本章中，笔者通过对前文论述的三种创业方式的对比分析了结构约束和理性选择的互动，同时阐释了在结构约束下，移民在创业过程中理性地使创业资源最大化的行动策略，梳理了水库移民创业的逻辑，即个体理性与社会建构的双重嵌入。

首先，在结构约束与理性选择的互动下，水库移民的创业方式产生了差异。不同的创业方式及创业的不同阶段体现了移民追求生存理性、经济理性和社会理性的不同诉求。移民理性地选择不同的创业方式，存在发展目标、组织形式和发展逻辑的差异。同时，整个创业活动体现了创业作为谋生手段层次较低和离不开扶持等特点。

其次，移民身份的建构及其运作是移民的个体理性在结构约束下的集中体现。水库移民在创业中建构出一套将移民身份效益最大化的行动策略。移民身份的建构是建立在移民搬迁安置的基础上的，同时随着移民在安置区沟通互动的增进而得到固化，而国家大中型水库移民后期扶持政策的出台进一步强化了移民身份。移民拥有移民身份资源和政府赋予移民的新资源，而移民在获取资源的过程中往往会建构一套行动策略，如常跑政府相关部门获取信息与申报项目。当然，随着水库移民创业活动的深入，移民也发生了分化，特别是创业成功的经济精英开始主导移民群体中的大小事务，并在与村落当地人的博弈中崭露头角，参与村庄治理。

最后，水库移民创业的实践，体现出个体理性和社会建构双重嵌入的逻辑。个体理性体现为移民创业本身就是理性追求和选择的结果，而社会建构体现为移民理性选择的创业行动，是在结构性要素的制约下出现的，是结构和行动相互建构的结果。

总之，个体理性与社会建构的双重嵌入贯穿于水库移民创业的整个过程，影响了移民创业的行动和结果。

第八章 研究结论与展望

一 总结

对水库移民来说，创业不仅是改变个人及家庭生活际遇的重要方式，也有益于移民群体走上共同富裕之路。而整个移民群体经济条件的改善，可以加速移民融入安置区的生活，去除移民安置的痕迹，在某种程度上减少移民的负面情绪，有利于社会和谐稳定。

（一）"支持－创业"：水库移民创业的显著特点

受制于陌生环境和自身条件，移民在安置区的生计恢复遇到一定的困难，但安置区较好的地理位置、经济基础等，使移民也面对良好的机遇。在人均只有三分地的情况下，如果仅从事粮食生产，恐怕连温饱问题都难以解决，因此，移民必须另辟蹊径。费孝通指出"我根据二访'江村'收集的资料，以及解放后在云南搞过的几次内地农村调查的情况，提出了在人多地少的地区，在发展粮食生产的同时，必须大力发展副业的意见"（费孝通，1983）。移民的创业行动拓展了"人均三分地"的生计策略，要么流转他人土地从事大规模农业生产，要么把土地流转给他人专心从事二、三产业，而追根溯源，移民们的逻辑是过上"好日子"。

移民创业主要分布在传统的种植业、养殖业、零售业、住宿服务业、加工业等行业，这些行业具有门槛低、资金少、技术含量低的特点，移民创业处于一种较低的层次。移民创业也呈现"三多三少"的格局，即一般劳动密集型较多，资本、技术密集型较少；从事传统行业的人多，从事新兴行业的人少；低端的产品多，"高精尖"的产品少。这与移民长期在库区场域中养成的生产生活的惯习有关。在库区农村多山地的条件下，他们只能选择以农为生的谋生手段；来到安置区后，在没有其他手艺的情况下多倾向于从事和以前相关的行业。另外，移民自身的风险承受能力不强，为了降低风险，大多从事零风险行业或是模仿身边成功的人开始创业，虽没有太大作为，但能够解决生活问题。移民造成的家庭财产损耗加上生活的压力使他们没有太多的资金做前期投资，所以只能以小本经营为主完成资本积累。

当然，移民创业的显著特点就在于离不开各种力量的支持，尤其是政策的支持。他们在创业过程中打破地域的隔阂，改变自己的思考方式和生活方式，逐渐认识到移民群体共同的利益所在。

从前文的分析来看，水库移民创业如果仅靠自己单打独斗很难取得一定成效，需要各方力量的支持。首先，国家大中型水库移民后期扶持政策给移民创业提供了重要支持，正因为有国家层面扶持的大背景，社会各界才开始真正将移民问题重视起来，进而引来其他力量的支持。而地方政府也给移民创业提供资金、技术培训、信息等方面实实在在的支持。其次，安置区社会环境的支持。移民迁入安置区，理论上说他们已经成为当地人，但如果没有得到安置区群众的接纳、支持，移民创业根本无从谈起。安置区的产业背景也对移民创业有所支持，尤其是那些在某个产业链中的移民创业者，总能得到上游、下游同行在技术方面的帮助。最后，移民群体给予重要支持，表现在群体中创业成功者对其他移民的拉扶，群体成员对创业失败者给予情感慰藉和物质支持。

（二）创业行动偏好：理性地使用移民身份

移民选择创业参与市场实践，其个人成为创业行动的主体。能动的个人在社会情境中行动，寻求利益的最大化。获取创业资源是创业过程中的一个中心环节，对创业者的企业成功获得支持以及形成强有力的竞争优势具有至关重要的影响。因此，移民创业者面对政策支持、社会环境支持和移民群体支持，建构出不同的行动策略，从而获取创业资源。而这些行动策略背后所蕴含的是移民对水库移民身份的理性运用。

理性概念是社会科学研究中普遍应用的概念之一，不同学科和不同学者对其的理解各有不同。笔者采用科尔曼（1999）对理性的解读，认为理性是人有目的、有意图的行动准则，是人在行动中调解的能力，包括对目的、动机的选择和确认。面对环境支持，移民形成了一系列行动策略，见图 8－1。

具体来说，第一，面对政策支持，移民的行动策略有：常跑政府部门获得支持；通过扶持项目的申报与运作，移民创业者可以获得资金、政策等方面的创业资源；在政府权力的塑造下成为发展"典型"，可以为移民创业者带来项目、声望等方面的创业资源。第二，面对安置区的社会环境支持，移民的行动策略有：积极实践、模仿学习、拓展社会关系网络。第三，面对移民群体支持，移民的行动策略有：抱团创业、创业成功而在移民群体中产生影响力（模范吸引）；精英人物的权威动员。同时笔者根据田野调查资料，梳理出水库移民的三种典型创业方式，即专业合作经济方式、村级集体经济方式和个体私营经济方式。其中专业合作经济方式具有显著的制度嵌入特点，移民通过合作制度来创业并在制度化运行中巩固创业成果；村级集体经济方式具有鲜明的精英合作烙印，村内经济精英和政治精英合作组建村级集体经济，双方默契合作带领村民共同富裕；个体私营经济方式具有关系嵌入的特点，不同的社会关系网络为移民创业提供了资金、技术、信息等方面的资源，在不同程度上促进了移民成为个体私营企业主。

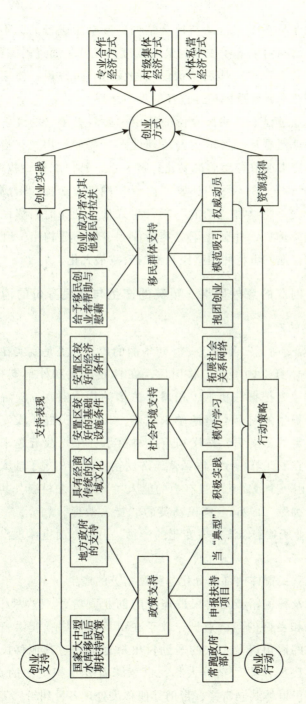

图8-1　水库移民创业的行动策略

移民创业是在个体行动与社会结构的互动中进行的，不过移民的理性在结构约束下往往得到最大限度的发挥。通过前文论述，笔者发现，移民存在对移民身份使用的偏好，可以说，使用移民身份获取创业资源是移民理性选择的集中体现。

移民创业过程中对移民身份的使用偏好具有浓厚的经济理性色彩。经济理性是从经济学"经济理性人"的假设出发，指的是以最小的代价来换取行动的最大化经济利益。移民在理性权衡下，根据当时的情境，在不同的环境"供给"中做出选择，形成了资源获取的行动。当这种行动能不断带来好处、利益时，移民就对其产生了选择偏好，并强化了对其的依赖，从而建构出一套行动策略，因此，他们也将使用移民身份的效益最大化。

（三）创业的意外后果：精英的产生与移民身份的消逝

1. 精英的产生

"创业改变命运"不仅仅是一句华丽的口号，更是实实在在发生在移民群体身上的事实。移民后，在自我发展和外部支持下，很多移民创业者把握住机遇，积累了更多的物质财富。随着移民创业成功者积累的财富与资源越来越多，其在移民群体或安置区逐渐有了一定的影响力，移民精英在村落事务中扮演着越来越重要的角色。在浙江等一些个体私营经济发达的村落出现了能人治理的格局，即由一个或者几个强有力的能人主导和支配村级公共权力的运作（卢福营，1998）。移民精英的"能人治理"趋势，一方面是其自身创业所致的经济实力变化的产物，另一方面也体现出移民群体开始分化。

其一，移民群体内部的分化与移民精英的产生。

前文提及移民精英是移民群体中的创业成功者。这些人往往有商业头脑和良好的经济意识，敢于在市场经济中摸爬滚打，对成功、财富的渴望以及个人的辛勤付出都远远超过其他移民。当然，成为移民群体中的精英人物，也意味着要承担更多的责任，例如带领移民群体共同富裕，帮助其他移民处理各种纠纷，等等。

移民创业通过具体的生产活动显示声望，同时又可以通过雇工、入股等形式扩大影响，而这种声望具有不可忽视的号召力。此外，拥有优势经济资源者可以提供借贷或信用担保，提供就业机会，提供创业等方面的信息与技术（贺雪峰、仝志辉，2002）。移民精英的出现改变了移民群体内铁板一块的格局，群体内部因创业活动出现了一定程度的分化。移民精英在移民群体中具有韦伯意义上的"卡里斯玛"式权威，其他移民对其个人魅力产生了敬畏与崇拜，进而转化成信任与服从，移民精英在移民群体中的权威地位得以确立。

其二，移民群体的代理人与当地人的博弈。

在一些插花安置村中，往往由移民主管部门指定一名移民代表，移民代表充当政府与移民沟通的桥梁。而随着移民群体中创业成功者的出现，许多移民精英已不满足于在移民群体中的领袖地位，凭借自身影响开始在村落事务中崭露头角，谋求一定的地位。水库移民群体中的精英人物因经济上的成功、人格上的魅力，在村落宗族利益共同体的"差序格局"中逐渐产生了一定的影响力。在张静看来，在中国传统社会中，乡村士绅因财富被乡民敬仰，但财富并不是决定他们权威地位的直接因素（张静，2007）。而在当今私营经济发达的温州村落，经济财富成为决定权威地位的重要因素。移民精英运用经济资本可以为当地村民带来直接的利益，进而获得村民的认同与支持；反过来，因当地人支持，在与当地人的博弈中，移民群体的利益诉求更多地得以表达。

2. 移民身份的消逝

外界环境给予移民创业支持，移民也通过行动获取支持。从制度设计上看，国家大中型水库移民后期扶持政策的出台与实施，是国家对水库移民因兴建水库做出重大贡献的一种补偿，帮助他们脱贫致富。从实践来看，后期扶持政策的实施给予移民较多的实际帮助，但同时也造成一种意外后果，即移民身份的利益出现。在扶持期限内，移民可以获得资金、技术和项目等方面的扶持。因此，移民在创业行动或其他行动中力图将自己移民身份的效益最大化。客观上又给移民群体贴上了一种身份标签，久而久之使移民形成特殊公民的心理。

不过，移民属地管理和融入安置区生活的要求，在某种程度上淡化了移民身份。从长远来看，国家大中型水库移民后期扶持政策的中长期目标是提高移民生活水平，逐步达到安置区当地农村的平均水平，移民理应与当地人没有差异。移民身份注定要消逝。其一，根据移民后期扶持人口核定的政策，在某个安置村（点）的移民人口数量经过一次核定后 20 年不变，该村（点）的移民人口会随着核减而逐渐减少，而移民后代已然是在安置区成长，在未来的某个节点，移民人口终将消失。其二，随着移民在安置区生活越来越久，移民的各种"山区印记"也将逐渐消逝，移民生产生活的各种习惯将与安置区当地人趋于一致。

另外，从政府管理的角度来看，当地政府并不希望移民身份长期存在。属地管理的原则，要求对移民与当地居民一视同仁，移民并没有特权，并不存在特殊公民。而移民身份的淡化与消逝，也对维护社会和谐稳定有促进作用。

二 政策建议

创业成为水库移民在安置区发展经济的关键，研究水库移民创业不仅具有理论意义，也具有重要的现实意义。只有把握水库移民创业中的行为逻辑和隐藏在行为背后的规律，才能更好地扶持他们。就水库移民后期扶持政策来说，笔者提出以下两点政策建议。

（一）加大后期扶持对移民创业的支持力度

国家大中型水库移民后期扶持政策已经实施了 10 年多，而近期目标是解决移民生产生活中的突出问题。目前，我国东部发达地区实施的后期扶持政策已经基本上解决了移民的温饱问题，后期扶持政策"全国一盘棋"的策略已经明显不适用。因此，存在对移民创业支持力度不够的问题。自主创业是移民快速发家致富的手段，不仅为创业者带来丰厚的回报，而且为其他的移民提供了就业机会，增加了收入来源。在今后的水库移民工作中，需要完善信用担保、创业贷款、风险投资等扶持政策，不断加大财政、金融、税收等方面的支持力度，为移民创业营建良好的外部环境。

（二）因地制宜构建水库移民创业扶持机制

当然，不同地区的发展情况决定了不同的扶持举措。因此，在扶持水库移民创业时需要因地制宜地构建扶持机制。第一，重点引导移民找准路子，帮助抓效益高、时效长、覆盖面广的产业，发展移民村（点）的实业，并带动相关产业发展，吸收当地群众就业，使这些实业成为当地群众的一个增收平台；第二，加强对移民致富带头人的培养，鼓励移民发展大农业，支持移民发展三产项目，创办经济实体，提高致富能力；第三，出台扶持措施，包括提供启动资金、项目信息及出台优惠政策等，突出产业升级、项目落地、培训就业"三个重点"，针对当地的情况及移民自身的情况开展相应的培训，争取在短期内提高当地移民的生产技能，进而为当地移民生活水平的提高打下基础。

三　本研究的不足与展望

（一）本研究的不足之处

第一，缺乏比较研究。本书是针对温州地区水库移民群体创业活动的研究，在地区和群体选择上都有特殊性，因此，得出的结论具有一定的局限性，没有与其他地区的水库移民群体或其他特殊群体的创业进行比较，如没有与三峡水库外迁移民群体的创业，或是与返乡农民工、城市新移民、国际移民等群体的创业进行比较，他们的创业得到了哪些支持，他们如何获得这些支持，是需要进一步探讨的。

第二，对创业过程中其他内容的关注不够。本书集中探讨外部支持与移民创业之间的关系，尤其展现了移民获取外部支持的行动策略，而对创业活动中的其他要素关注不够，如创业意愿或倾向、对创业机会的识别与把握、创业决策、对创业资源的运用等。

第三，缺乏对影响移民创业的因素的定量分析。本书采取质性研究方法，展现移民创业获取外部支持的方式和途径，可以达到一定的分析深度，而缺陷也同样明显，比如无法给出影响移民创业的因素，以及这些因素的影响程度，等等。因此结论不能推广至全国。

（二）研究展望

第一，在今后的研究中关注其他移民群体的创业活动，一方面关注不同地区水库移民创业存在的差异，另一方面加强对不同类型移民群体创业活动的研究，从而可以做比较。

第二，持续关注与移民创业相关的其他内容，将关注范围扩展至整个创业活动，同时结合水库移民群体的特点，将其他新的理论视角引入对水库移民创业活动的研究。

第三，期待能够在条件成熟以后通过定量研究来进一步探讨水库移民的创业活动，可以通过随机抽样的定量方法，关注移民创业的总体情况、影响因素、创业与生活满意度等问题。

附录1 访谈记录编号

序号	访谈者	相关信息
1	WXC	男，46 岁，SM 蔬菜专业合作社负责人
2	Y 处长	男，53 岁，温州市移民安置办公室某处处长
3	MJM	男，61 岁，汇村党支部书记
4	XWE	男，45 岁，鹿城区 SY 社区本地居民
5	Z 某	男，48 岁，平阳县 X 村本地村民
6	X 某	男，43 岁，苍南县 XYD 村本地村民
7	Z 某	男，42 岁，鹿城区 YX 社区移民
8	Y 某	男，44 岁，苍南县 X 村移民
9	Z 某	男，39 岁，乐清市林村移民
10	QZY	男，46 岁，ZN 农机专业合作社负责人
11	L 主任	男，62 岁，温州市移民办退休主任
12	WSX	男，47 岁，QF 种养殖专业合作社负责人
13	W 科长	男，38 岁，温州平阳县移民办某科长
14	JYH	男，43 岁，SH 园艺有限公司负责人
15	X 某	男，48 岁，温州苍南县 Q 镇章村移民
16	Z 村委会主任	男，48 岁，温州苍南县 Q 镇章村村委会主任
17	XCE	男，43 岁，晨光集团 LM 厂和平阳 YM 机械模具厂的老板
18	XRL	男，45 岁，平阳县 XJ 镇直河移民点移民
19	ZLK	男，32 岁，苍南 ZY 无纺布袋厂和 ZY 箱包公司法人代表
20	阿玖	男，41 岁，平阳 TS 竹制品厂的老板

序号	访谈者	相关信息
21	LDK	男，35 岁，瑞安市 YX 社区织袋加工厂老板
22	T 某	男，46 岁，章村移民
23	YCF	男，41 岁，浙江 MJ 建筑五金有限公司法人代表
24	ZDN	男，37 岁，DA 淡水鱼养殖专业合作社负责人
25	ZDL	男，28 岁，从事投资的老板
26	XXS	男，43 岁，HP 宾馆，从事其他投资

附录2 温州市水库移民专业合作社情况

序号	合作社名称	注册资金（万元）	社员数量（人）	其中移民（人）	主要经营品种/项目	种养殖基地面积（亩）	2010年年产值（万元）
			苍南县				
1	YM 油茶种植专业合作社	58.00	200	200	山野油茶	200	80.00
2	YCS 特种珍禽养殖专业合作社	65.00	50	50	七彩山鸡等	80	100.00
3	YA 经济林开发专业合作社	50.00	30	30	马蹄笋	150	70.00
4	XH 水果种植专业合作社	25.00	20	20	甜橘、橙等	30	20.00
5	QYS 水果专业合作社	80.00	20	20	杨梅等	100	50.00
6	LYS 水果专业合作社	40.00	20	10	杨梅等	100	50.00
7	YL 杨梅专业合作社	35.00	20	20	杨梅等	300	150.00
8	EMS 杨梅专业合作社	55.00	20	20	杨梅等	200	100.00
9	XDJ 养殖专业合作社	30.00	15	15	淡水鱼养殖	100	50.00

续表

序号	合作社名称	注册资金（万元）	社员数量（人）	其中移民（人）	主要经营品种/项目	种养殖基地面积（亩）	2010年年产值（万元）
10	YM 杨梅专业合作社	100.00	30	20	杨梅等	100	50.00
11	FS 专业合作社	80.00	60	50	番薯加工	50	60.00
12	KQ 食用菌专业合作社	100.00	10	5	食用菌	7	90.00
13	KQ 休闲渔业专业合作社	30.00	20	15	淡水鱼养殖	3200	50.00
14	KQ 水果专业合作社	60.00	25	20	杨梅等	300	150.00
15	DL 马蹄笋专业合作社	60.00	30	25	马蹄笋	150	50.00
16	TY 蔬菜专业合作社	30.00	100	60	西红柿等	200	60.00
17	LJ 水果专业合作社	257.00	22	17	瓯柑等	115	40.00
18	HX 山羊养殖专业合作社	30.00	3	3	南江黄山羊	4	40.00
19	TN 茶叶专业合作社	70.00	58	35	茶叶	350	120.00
20	QF 种养殖专业合作社	80.00	70	65	玉米等	400	50.00
21	XM 蔬菜专业合作社	80.00	7	6	西红柿等	103	200.00
22	JY 淡水养殖专业合作社	25.00	5	3	小龙虾等	50	40.00
23	KM 蔬菜专业合作社	50.00	50	5	蔬菜	278	60.00
乐清市							
1	HD 水果种植专业合作社	57.20	180	180	杨梅	4000	3000.00

续表

序号	合作社名称	注册资金（万元）	社员数量（人）	其中移民（人）	主要经营品种/项目	种养殖基地面积（亩）	2010年年产值（万元）
2	SM 蔬菜专业合作社	50.00	143	135	蔬菜	1015	600.00
				平阳县			
1	ZN 农机专业合作社	320.00	203	185	农机服务	1180	400.00
2	LM 农机专业合作社	50.00	45	45	农机服务	350	80.00
3	DA 淡水鱼养殖专业合作社	100.00	25	25	淡水鱼	55	50.00
4	WL 淡水鱼养殖专业合作社	50.00	20	20	淡水鱼	40	30.00
5	HF 杨梅专业合作社	100.00	35	20	杨梅	560	
6	HT 鲜花种植专业合作社	100.00	25	25	鲜花	60	80.00
7	SD 蔬菜种植专业合作社	50.00	15	15	大棚蔬菜	40	30.00
8	YY 杨梅专业合作社	50.00	40	40	杨梅	200	50.00
9	TN 农机专业合作社	50.00	30	30	农机服务	200	40.00
10	HH 海带养殖专业合作社	100.00	60	45	海带	400	120.00
11	XL 淡水鱼养殖专业合作社	50.00	25	20	淡水鱼	60	30.00
12	LN 农机专业合作社	100.00	50	50	农机服务	300	50.00
13	MEX 杨梅专业合作社	100.00	30	25	杨梅	170	45.00

续表

序号	合作社名称	注册资金（万元）	社员数量（人）	其中移民（人）	主要经营品种/项目	种养殖基地面积（亩）	2010年年产值（万元）
				瑞安市			
1	JMX 杨梅专业合作社	15.00	37	28	东方明珠、黑炭梅、东魁	700	300.00
2	WJF 茶叶专业合作社	50.00	8	2	清明早、安吉白茶、老茶	3200	1600.00
3	YX 杨梅专业合作社	5.00	6	6	东方明珠	110	30.00
4	MS 生猪养殖专业合作社	300.00	15	7	康贝尔猪	22	800.00
5	LXB 鸽养殖专业合作社	100.00	5	5	白鸽	2	70.00
6	XX 肉鸽专业合作社	50.00	8	6	陆地王	3	1000.00
7	WM 瓜果专业合作社	50.00	20	6	水果	300	50.00
8	FY 畜禽专业合作社	5.00	20	8	猪	15	500.00
				泰顺县			
1	FYH 生态农业观光园	120.00		220	油茶	300	
2	JY 油茶专业合作社	100.00		180	油茶	267	
3	YH 竹笋种植专业合作社	280.00		160	竹笋	407	
4	XM 生猪养殖合作社	50.00		80	生猪		500.00
5	WT 生猪养殖合作社	250.00		70	生猪		320.00
6	HL 家畜养殖合作社	200.00		120	生猪		220.00

续表

序号	合作社名称	注册资金（万元）	社员数量（人）	其中移民（人）	主要经营品种/项目	种养殖基地面积（亩）	2010年年产值（万元）
7	FK 生猪养殖合作社	200.00		120	生猪		400.00
8	NLT 养殖业合作社	150.00		80	兔子		300.00
9	LH 生态农业实验场	100.00		52	鸡、猪		500.00
文成县							
1	SF 农业专业合作社	530.00	30	10	白茶、青梅	450	100.00
永嘉县							
1	XY 农业机械专业合作社	70.00	9	1	粮食	350	80.00
瓯海区							
1	XL 茶果专业合作社	45.00	5	1	茶叶、水果、板栗、毛竹	1000	120.00
龙湾区							
1	TH 经济合作社		426	400		117	
2	LH 经济合作社	8.44	1669	1669	配股红利		9.16
3	MX 食膳合作社	21.50	6	3	服务餐饮业		35.39
4	WQP 种植合作社	19.80	3	2	种、养殖业	240	19.59

资料来源：温州市移民安置办公室 2011 年 4 月的统计。

参考文献

安东尼·吉登斯，1998，《社会的构成：结构化理论大纲》，李康、李猛译，三联书店。

白南生、何宇鹏，2002，《回乡，还是外出——安徽四川二省农村外出劳动力回流研究》，《社会学研究》第 3 期。

边燕杰，2006，《网络脱生：创业的社会学研究》，《社会学研究》第 6 期。

边燕杰、丘海雄，2000，《企业的社会资本及其功效》，《中国社会科学》第 2 期。

伯尔纳、马赫尔、蒂斯，2001，《经济学理论对组织学习的研究》，载迪尔克斯等主编《组织学习与知识创新》，上海社会科学院知识与信息课题组译，上海人民出版社。

陈介玄，1994，《协力网络与生活结构——台湾中小企业的社会经济分析》，（台北）联经出版事业公司。

陈映芳，2005，《"农民工"：制度安排与身份认同》，《社会学研究》第 3 期。

程春庭，2001，《重视"返乡创业"增强县域经济整体发展能力》，《中国农村经济》第 4 期。

程瑜，2006，《白村生活：广东三峡移民适应性的人类学研究》，民族出版社。

邓培全，2003，《水库移民可持续发展模式与实践》，黄河水利出版社。

董力毅，2007，《非自愿移民人力资本开发研究》，河海大学硕士学位论文。

杜吟棠，2002，《合作社农业中的现代企业制度》，江西人民出版社。

杜瑛、施国庆，2007，《不同安置模式的水库移民社会适应与整合——以珊溪水库为例》，《水利经济》第1期。

杜赞奇，2003，《文化、权力与国家——1900～1942年的华北农村》，王福明译，江苏人民出版社。

费涓洪，2004，《女性创业特征素描——上海私营企业30位女性业主的个案调查》，《社会》第8期。

费孝通，1983，《从事社会学五十年》，天津人民出版社。

费孝通，1988《费孝通学术精华录》，北京师范大学出版社。

费孝通，1992，《行行重行行——乡镇发展论述》，宁夏人民出版社。

费孝通，1996，《学术自述与反思》，生活·读书·新知三联书店。

费孝通，1998，《乡土中国 生育制度》，北京大学出版社。

风笑天，2001，《社会学研究方法》，中国人民大学出版社。

风笑天，2006，《生活的移植——跨省外迁三峡移民的社会适应》，《江苏社会科学》第3期。

风笑天，2008，《安置方式、人际交往与移民适应》，《社会》第2期。

冯士政，2003，《典型：一个政治社会学的研究》，《学海》第3期。

冯兴元，2001，《市场化——地方模式的演进道路》，《中国农村观察》第1期。

符平，2003，《社会资本和个体经营者的创业与发展》，《社会》第2期。

福山，1998，《信任：社会德性与繁荣的创造》，李宛蓉译，（台北）远方出版社。

傅春、张明林，2009，《鄱阳湖区退田还湖移民创业存在的问题及对策研究》，《社会科学战线》第 6 期。

顾桥，2003，《中小企业创业资源的理论研究》，武汉理工大学博士学位论文。

郭忠华，2004，《转换与支配：吉登斯权力思想的诠释》，《学海》第 3 期。

国鲁来，2001，《合作社制度及专业协会实践的制度经济学分析》，《中国农村观察》第 4 期。

韩俊、崔传义、金三林，2009，《现阶段我国农民工流动和就业的主要特点》，《发展研究》第 4 期。

韩振燕，2007，《非自愿移民迁往城市后的若干问题探讨——以温州市珊溪水库为例》，《广西社会科学》第 1 期。

何贤举，2006，《浅论三峡库区农村移民致富问题》，《经济与管理》第 1 期。

贺雪峰，2000，《村庄精英与社区记忆：理解村庄性质的二维框架》，《社会科学辑刊》第 4 期。

贺雪峰、仝志辉，2002，《论村庄社会关联——兼论村庄秩序的社会基础》，《中国社会科学》第 3 期。

胡杨，2009，《精英与资本：转型期中国乡村精英结构变迁的实证研究》，中国社会科学出版社。

黄绍伦，2003，《移民企业家——香港的上海工业家》，张秀莉译，上海古籍出版社。

黄志坚，2007，《农村致富带头人的成长因素和作用分析》，南昌大学博士学位论文。

黄宗智，2005，《认识中国——走向从实践出发的社会科学》，《中国社会科学》第 1 期。

黄祖辉，2000，《农民合作：必然性、变革态势与启示》，《中国农村观察》第 8 期。

霍华德·E. 奥尔德里奇，2009，《企业家特性》，载斯梅尔瑟、斯威德伯格主编《经济社会学手册》（第二版），罗教讲、张永宏译，华夏出版社。

江立华、陈文超，2011，《返乡农民工创业的实践与追求——基于六省经验资料的分析》，《社会科学研究》第 3 期。

姜磊，2010，《都市里的移民创业者：城际移民迁移创业过程中的社会资本研究》，社会科学文献出版社。

金耀基，1992，《关系和网络的构建——一个社会学的诠释》，《中国社会与文化》，（香港）牛津大学出版社。

柯武刚、史漫飞，2000，《制度经济学——社会秩序与公共政策》，韩朝华译，商务印书馆。

科尔曼，1999，《社会理论的基础》，邓方译，社会科学文献出版社。

莱因哈特·本迪克斯，2002，《马克斯·韦伯思想肖像》，刘北成等译，上海人民出版社。

雷洪、孙龙，2000，《三峡农村移民生产劳动的适应性》，《人口研究》第 6 期。

雷开春，2012，《上海城市新移民与本地人群体关系的交往策略研究》，《社会》第 2 期。

雷蒙·阿隆，2000，《社会学主要思潮》，葛智强、胡秉诚、王沪宁译，华夏出版社。

李炯光，2006，《三峡库区产业结构发展现状分析》，《特区经济》第 10 期。

李莉，2006，《水库移民后期扶持小额贷款研究》，河海大学硕士学位论文。

李路路，1995，《社会资本与私营企业家——中国社会结构转型的特殊动力》，《社会学研究》第 6 期。

李明欢，1999，《"相对剥夺"与"连锁效应"：关于当代温州地区出国移民的分析与思考》，《社会学研究》第 5 期。

李培林，1996，《流动民工的社会网络和社会地位》，《社会学研究》第 4 期。

李培林，2004，《村落的终结——羊城村的故事》，商务印书馆。

李孝坤，2007，《三峡库区特色农业可持续发展研究》，《水土保持研究》第 5 期。

林坚、王宁，2000，《公平与效率合作社组织的思想宗旨及其制度安排》，《农业经济问题》第 9 期。

林克雷、陈建利，2005，《当代中国分层研究中的制度主义范式》，《社会科学研究》第 1 期。

林南，2001，《社会资本：争鸣的范式和实证的检验》，《香港社会学学报》第 2 期。

林南，2005，《社会资本：关于社会结构与行动的理论》，张磊译，上海人民出版社。

林嵩，2007，《创业资源的获取与整合——创业过程的一个解读视角》，《经济问题探索》第 6 期。

刘林平，2001，《外来人群体中的关系运用——以深圳"平江村"为个案》，《中国社会科学》第 5 期。

刘林平，2006，《企业的社会资本：概念反思和测量途径——兼评边燕杰、丘海雄〈企业的社会资本及其功效〉》，《社会学研究》第 2 期。

刘培峰，2005，《私营企业主——财富积累的轨迹》，社会科学文献出版社。

刘中起、风笑天，2010，《社会资本视阈下的现代女性创业研究：一个嵌入性视角》，《山西师大学学报》（社会科学版）第 1 期。

流心（刘新），2005，《自我的他性——当代中国的自我系谱》，常姝编译，上海人民出版社。

卢福营，1998，《个私经济发达背景下的能人型村治——以浙江省东阳市白坦一村为例》，《华中师范大学学报》（人文社会科学版）第 2 期。

卢福营，2011，《经济能人治村中国乡村政治的新模式》，《学术月刊》第 10 期。

卢晖临、李雪，2007，《如何走出个案——从个案研究到扩展个案研究》，《中国社会科学》第 5 期。

卢现祥，2007，《新制度经济学》，北京大学出版社。

罗伯特·D. 帕特南，2001，《使民主运转起来——现代意大利的公民传统》，王列、赖海榕译，江西人民出版社。

罗伯特·E. 斯泰克，2007，《个案研究》，载诺曼·K. 邓津、伊冯娜·S. 林肯主编《定性研究：策略与艺术》（第 2 卷），风笑天译，重庆大学出版社。

罗凌云、风笑天，2001，《三峡农村移民经济生产的适应性》，《调研世界》第 4 期。

马克斯·韦伯，1992，《新教伦理与资本主义精神》，于晓、陈维纲等译，三联书店。

马彦丽，2006，《我国农民专业合作社的制度解析》，浙江大学博士学位论文。

迈克尔·M. 塞尼，1996，《移民与发展》，水库移民中心编译，河海大学出版社。

苗春凤，2009，《典型中国——当代中国树典型活动研究》，上海大学博士学位论文。

宁亮，2009，《促进创业活动的政府行为研究》，江西财经大学博士学位论文。

诺斯，1991，《经济史中的结构与变迁》，陈郁、罗华平等译，上海三联书店。

恰亚诺夫，1996，《农民经济组织》，萧正洪译，中央编译出版社。

任伯强、方立明、奚从清，2008，《移民与区域发展——温州移民社会研究》，人民日报出版社。

阮锐、王斐、陈珍，2010，《三峡库区农村移民安稳致富创新模式初探》，《人民长江》第 12 期。

萨缪尔森、诺德豪斯，1999，《经济学》，萧琛主译，华夏出版社。

商德锺、何雪松、刘伟、王登峰，2010，《移民的社会资本与移民发展——以移居江西周村的新安江水库移民为例》，《水利经济》第 4 期。

施国庆，1995，《水利水电工程移民概述》，《水利水电科技进展》第 6 期。

施国庆，1999，《水库移民学初探》，《水电水利科技进展》第 1 期。

石秀印，1998，《中国企业家成功的社会网络基础》，《管理世界》第 6 期。

石秀印，1999，《农村股份合作制》，湖南人民出版社。

石智雷、杨云彦，2009，《非自愿移民经济恢复的影响因素分析——三峡库区与丹江口库区移民比较研究》，《人口研究》第 1 期。

石智雷、杨云彦、田艳平，2011，《非自愿移民经济再发展：基于人力资本的分析》，《中国软科学》第 3 期。

史晋川，2002，《制度变迁与经济发展：温州模式研究》，浙江大学出版社。

宋婧、杨善华，2005，《经济体制变革与村庄公共权威的蜕变》，《中国社会科学》第 6 期。

宋坤，2006，《农民创业读本》，中国社会出版社。

宋林飞，2010，《费孝通先生的富民主张及其理论探索》，《江苏社会科学》第 6 期。

孙凌，2002，《三峡移民的发展机遇与致富途径探究》，《重庆大学学报》（社会科学版）第 5 期。

孙亚范，2009，《农民专业合作经济组织利益机制分析》，社会科学文献出版社。

唐钧，2002，《社会政策的基本目标：克服贫困到消除社会排斥》，《江苏社会科学》第 3 期。

唐钟鸣，2006，《人力资本提升对水库移民创业的促动关系研究——来自温州水库移民实践的启示》，河海大学硕士学位论文。

汪和建，2007，《自我行动与自主经营：理解中国人何以将自主经营当作其参与市场实践的首选方式》，《社会》第 6 期。

王春光，2000，《移民的行动抉择与网络依赖——对温州侨乡现象的社会学透视》,《华侨华人历史研究》第 9 期。

王春光、Jean Philippe,1999,《温州人在巴黎:一种独特的社会融入模式》,《中国社会科学》第 6 期。

王汉生、王一鸽,2009,《目标管理责任制:农村基层政权的实践逻辑》,《社会学研究》第 2 期。

王宁,2002,《代表性还是典型性?——个案的属性与个案研究方法的逻辑基础》,《社会学研究》第 5 期。

王沛沛、许佳君,2010,《社会变迁抑或非理性选择:自谋职业移民的困境》,《华南农业大学学报》(社会科学版)第 4 期。

王世博,2006,《三峡库区产业发展与移民后期扶持研究》,《重庆大学学报》(社会科学版)第 5 期。

尉建文,2009,《中国私营企业主关系网络调查》,中国社会科学出版社。

温州市统计局编,2011,《温州统计年鉴》(2011),中国统计出版社。

文军,2001,《从生存理性到社会理性选择:当代中国农民外出就业动因的社会学分析》,《社会学研究》第 6 期。

吴业苗,2010,《农民经济合作组织与制度化规则的建构》,《阅江学刊》第 2 期。

项飙,2000,《跨越边界的社区:北京"浙江村"的生活史》,生活·读书·新知三联书店。

熊彼特,1990,《经济发展理论——对于利润、资本、信贷、利息和经济周期的考察》,何畏等译,商务印书馆。

熊万胜,2009,《合作社:作为制度化进程的意外后果》,《社会学研究》第 5 期。

徐旭初、黄胜忠,2009,《走向新合作——浙江省农民专业合作社发展研究》,科学出版社。

徐振宇,2011,《小农——企业家主导的农业组织模式:天星村葡萄技术与市场演化》,社会科学文献出版社。

许佳君,2008,《水库移民后期扶持路径及其政策支持系统研究》，河海大学博士学位论文。

许佳君、施国庆，2001，《三峡外迁移民与沿海安置区的经济整合》，《现代经济探讨》第 11 期。

许佳君、余文学，2001，《水库移民与安置区原居民的社会整合——以小浪底水库移民为例》，《学海》第 2 期。

许玉明，2000，《三峡库区农业产业化发展战略与对策研究》，《重庆三峡学院学报》第 6 期。

阎云翔，2000，《礼物的流动——一个中国村庄中的互惠原则与社会网》，上海人民出版社。

杨光飞，2009，《家族企业的关系治理及其演进：以浙江昇兴集团为个案》，社会科学文献出版社。

杨美惠，2001，《礼物、人情与宴席：中国人社会关系的艺术》，赵旭东译，人民出版社。

张继焦，2004，《城市的适应——迁移者的就业与创业》，商务印书馆。

张静，2007，《基层政权乡村制度诸问题》，上海人民出版社。

张仁寿、李虹，1990，《温州模式研究》，中国社会科学出版社。

张一力、陈翊、倪婧，2012，《网络与集群：温州企业家群体形成的机制分析》，《浙江社会科学》第 1 期。

张忠根、李华敏，2007，《农村村级集体经济发展：作用、问题与思考——基于浙江省 138 个村的调查》，《农业经济问题》第 11 期。

赵彗星，2007，《小岗典型的建构》，载郑也夫、沈原、潘绥铭编《北大清华人大社会学硕士论文选编》，山东人民出版社。

赵延东，2002，《再就业中的社会资本：效用与局限》，《社会学研究》第 4 期。

赵晔琴，2007，《农民工：日常生活中的身份建构与空间型构》，《社会》第 6 期。

折晓叶、陈婴婴，2000，《社区的实践——"超级村庄"的发展历程》，浙江人民出版社。

折晓叶、陈婴婴，2011，《项目制的分级运作机制和治理逻辑——"项目进村"案例的社会学分析》，《中国社会科学》第 4 期。

周林刚，2004，《论社会排斥》，《社会》第 3 期。

周晓虹，2000，《从国家与社会关系看中国农民的政治参与——毛泽东和后毛泽东时代的比较》，《香港社会科学学报》第 4 期。

周雪光，2008，《基层政府间的"共谋现象"——一个政府行为的制度逻辑》，《社会学研究》第 6 期。

周怡，2006，《中国第一村：华西村转型经济中的后集体主义》，（香港）牛津大学出版社。

朱秋霞，1998，《网络家庭与乡村私人企业的发展》，《社会学研究》第 1 期。

朱仁宏，2004，《创业研究前沿理论探讨——定义、概念框架与研究边界》，《管理科学》第 4 期。

朱智奇，2011，《温州水库移民八大机制》，《浙江水库移民工作》第 7 期。

Aldrich, Howard E. and Waldinger Roger. 1990. "Ethnicity and entrepreneurship." *Annual Review of Sociology*, 16: 111–135.

Aldrich, H. and C. Zimmer. 1986. "Entrepreneurship through social networks." In *The Art and Science of Entrepreneurship*, edited by D. L. Sexton and R. W. Smilor. Cambridge, MA: Ballinger Publishing Company.

Bates, Timothy. 1997. *Timothy, Race, Self-employment, and Upward Mobility*. Johns Hopkins University Press.

Bian, Yanjie. 1997. "Bringing strong ties back in: Indirect connection, bridges, and jobs searches in China." *American Sociological Review*, 3: 366–385.

Birley, S. 1985. "The role of networks in the entrepreneurial process." *Journal of Business Venturing*, 1: 107–117.

Borjas, George. 1986. "The self-employment experience of immigrants. " *Journal of Human Resource*, 4: 485 – 506.

Boyd, Robert L. 2000. " Race, labor market disadvantage, and survivalist entrepreneurship: Black women in the urban north during the Great Depression. " *Sociological Forum*, 4: 647 – 670.

Bun, Chan Kok and Ong Jin Hui. 1995. " The many faces of immigrant entrepreneurship. " In *The Cambridge Survey of World Migration*, edited by Robin Cohen, pp. 523 – 531. Cambridge: Cambridge University Press.

Burt, R. S. 1992. *Structural Holes: The Social Structure of Competition*. MA: Harvard Univ. Press.

Caroline, B. Brettell and Kristoffer E. Alstatt. 2007. " The agency of immigrant entrepreneurs: Biographies of the self-employed in ethnic and occupational niches of the urban labor market. " *Journal of Anthropological Research*, 3: 383 – 397.

Chamber, Robert. 1992. " Sustainable rural livelihoods: Practical concepts for the 21st century. " In IDS Working Paper, Brighton: Institute of Development Studies, p. 296.

Cobas, Jose A. and Ione Deollos. 1989. " Family ties, co-ethnic bonds, and ethnic entrepreneurship. " *Sociological Perspectives*, 3: 403 – 411.

Dobrev, S. D. and W. P. Barnett. 2005. " Organizational roles and the transition to entrepreneurship. " *Academy of Management Journal*, 3: 433 – 449.

Dovidio, J. F. and S. L. Gaertner. 2003. " Intergroup contact: The past, the future. " *Group Process and Intergroup Relations*, 1: 5 – 21.

Dyer, Jeffrey H. and Harbir Singh. 1998. " The relational view: Cooperative strategy and sources of interorganizational competitive advantage. " *Academy of Management*, 4: 660 – 679.

Elliott, James. 1999. " Social isolation and labor market insulation: Network and neighborhood effects on less-educated urban workers. " *The*

Sociological Quarterly, 2: 199 – 216.

Freeman, J. 1986. "Entrepreneurs as organizational products: Semiconductor firms and venture capital firms. " In *Advances in the Study of Entrepreneurship, Innovation, and Economic Growth*, edited by G. Libecap. CT: JAI Press.

Granovetter, Mark. 1973. "The strength of weak ties. " *The American Journal of Sociology*, 6: 1360 – 1380.

Granovetter, Mark. 1985. "Economic action and social structure: The problem of embeddedness. " *American Journal of Sociology*, 3: 482 – 510.

Granovetter, Mark. 1995. "Society and economy: The social construction of economic institutions. " In *The Economic Sociology of Immigration: Essays on Networks, Ethnicity and Entrepreneurship*, edited by Alejandro Portes, p. 130. New York: Russell Sage Foundation.

Halaby, C. N. 2003. "Where job values come from: Family and schooling background, cognitive ability, and gender. " *American Sociological Review*, 2: 251 – 278.

Hansen, E. L. 1995. "Entrepreneurial networks and new organization growth. " *Entrepreneurship: Theory and Practice*, 4: 7 – 19.

Howard, E. and Roger Aldrich. 1990. "Ethnicity and entrepreneurship. " *Annual Review of Sociology*, 16 : 111 – 135.

Lin, Nan. 2001. *Social Capital: A Theory of Social Structure and Action*. Cambridge University Press.

Low, M. B. and I. C. MacMillan. 1988. "Entrepreneurship: Past research and future challenges. " *Journal of Management*, 14: 139 – 161.

Malerba, F. 1992. "Learning by firms and incremental change. " *Economic Journal*, 413: 845 – 859.

Marger, Martin N. and Constance A. Hoffman. 1992. "Ethnic enterprise in Ontario: Immigrant participation in the small business sector. " *International Migration Review*, 3: 968 – 981.

Min, Pyong Gap and Mehdi Bozorgmehr. 2000. "Immigrant entrepreneurship and business patterns: A comparison of Koreans and Iranians in Los Angeles." *International Migration Review*, 3: 707 – 738.

Min, Pyong Gap and Mehdi Bozorgmehr. 2003. "United States: The entrepreneurial cutting edge." In *Immigrant Entrepreneurs: Venturing Abroad in the Age of Globalization*, edited by Robert Kloosterman and Jan Rath, pp. 17 – 37. Oxford: Berg.

Nee, Victor. 1996. "Immigrant self-employment: The family as social capital and the value of human capital." *American Sociological Review*, 2: 231 – 249.

Palivos, T. 1996. "Spatial agglomeration and endogenous growth." *Regional Science and Urban Economic*, 6: 645 – 669.

Parker, S. C. 2004. *The Economics of Self Employment and Entrepreneurship*. Cambridge: Cambridge University Press.

Peng, Yusheng. 2004. "Kinship networks and entrepreneurs in China's transitional economy." *American Journal of Sociology*, 5.

Pettingrew, T. F. and Troop, L. R. 2000. "Does intergroup contact reduce recent met analytic findings." In *Reducing Prejudice and Discrimination*, edited by S. Oskamp. Hillsdale, NJ: Erlbaum.

Polanyi, K. 1944. *The Great Transformation: The Political Economic Origins of Our Time*. Boston: Beacon Press.

Popkin, S. H. 1979. *The Rational Peasant: The Political Economy of Rural Society in Vietnam*. Berkeley: University of California Press.

Porter, A. 1998. "Social capital: Its origin and applications in modern sociology." *Annual Review of Sociology*, 24: 12 – 24.

Portes, Alejandro. 1998. "Socialcapital: Its original and applications in modern sociology." *Annual Review of Sociology*, 24: 1 – 24.

Raijman, R. and Marta Tienda. 2000. "Immigrants' pathway to business ownership: A comparative ethnic perspective." *International Migration Review*, 3: 682 – 706.

Razin, Eran. 1993. "Immigrant entrepreneurs in Israel, Canada, and California." In *Immigration and Entrepreneurship: Culture, Capital, and Ethnic Networks*, edited by Ivan Light and Parminder Bhachu, pp. 97 – 124. New Brunswick, NJ: Transaction Books.

Saxenian, A. 1994. *Regional Advantage: Culture and Competition in Silicon Valley and Route.* Harvard University Press.

Schultz, T. W. 1964. *Transforming Traditional Agriculture.* New Haven: The University of Chicago Press.

Schumpeter, J. A. 1934. *The Theory of Economic Development.* Harvard University Press.

Scmitz, H. 1995. "Collectice effiency: Growth path for small scale industry." *Journal of Development Studies*, 4: 529 – 566.

Scoones, I. 1998. "Sustainable rural livelihoods: A framework for analysis." In IDS Working Paper, Brighton: Institute of Development Studies, pp. 72 – 75.

Scott, J. C. 1976. *The Moral Economy of the Peasant: Rebellion and Subsistence in the South-east Asia.* New Heaven, Conn. : Yale University Press.

Sorensen, J. B. 2007. "Closure and exposure: Mechanisms in the intergenerational transmission of self employment." In *Research in the Sociology of Organizations*, edited by Martin Ruef and Michael Lounsbury, pp. 83 – 124. Lounsbury. New York: Elsevier/JAI.

Sorenson, O. and P. G. Audia. 2000. "The social structure of entrepreneurial activity: Geographic concentration of footwear production in the United States, 1940 – 1989." *American Journal of Sociology*, 2: 424 – 462.

Stuart, T. E. and O. Sorenson. 2005. "Social networks and entrepreneurship." In *Handbook of Entrepreneurship*, edited by R. Agrawal, S. Alvarez, and O. Sorenson, pp. 233 – 252. Berlin: Springer-Verlag.

Swift, J. 1989. "Why are rural people vulnerable to famine?" In IDS

Working Paper, Brighton: Institute of Development Studies, pp. 8 – 15.

Wilson, W. J. 1987. *The Truly Disadvantaged: The Inner City, The Underclass and Public Policy.* Chicago: Chicago University Press.

Yoon, In-Jin. 1991. "Changing significance of ethnic and class resources in immigrant business: The case of Korean businesses in Chicago." *International Migration Review*, 2: 303 – 331.

Zhou, Min. 2004. "Revisiting ethnic entrepreneurship: Convergencies, controversies, and conceptual advancements." *International Migration Review*, 3: 1040 – 1074.

后　记

　　本书是在我博士论文的基础上修改完成的。论文完成后，深感不安的我，心中五味杂陈，有欢喜、有痛苦、有犹豫、有彷徨，最终一部仍待改进的作品呈现在眼前，算是对自己求学生涯的一个交代吧！

　　拙作的完成需要感谢很多良师益友。首先感谢我的导师许佳君教授。恩师在我身上倾注了大量的心血，犹如严父般教我如何做人、如何做学问，在此，我向恩师致以崇高的敬意和谢意，感谢恩师过去几年给予我的无私帮助！在求学期间我得到了许多老师的帮助。感谢河海大学公共管理学院施国庆院长、余文学教授、陈绍军教授、杨文健教授、黄健元教授，聆听他们的相关课程，对我从事相关研究的认知与思考有着重要帮助；感谢社会学系陈阿江教授、王毅杰教授、高燕副教授、胡亮副教授、顾金土副教授、张虎彪老师、杨方老师。与王毅杰教授的多次交流让我逐渐找到梳理调查材料的方向。感谢我的同学王开庆、王海宝给予我的帮助和支持，也感谢江南大学法学院的领导和同事在工作上给予我的帮助与指导！

　　田野调查的顺利进行是完成本研究的基础。因此，我必须感谢那些在田野调查期间帮助过我的人。衷心感谢温州市民政局副局长蒋义炮先生，以及温州移民系统中许多帮助过我的人，此外，我还要感谢那些接受过我调查的移民。朴实无华的他们用自己的辛勤劳动创造着一个个致富故事，而我只能用拙劣的文笔加以描述，显然，我无法达到他们的高度！

我愿将此生首本专著献给我的家人。我的父母，这么多年来一直支持我，从没有半句怨言，对他们的感谢是无法用言语来表达的，祝他们健康快乐！我的妻子颜慧女士——一个温柔贤惠的女子，这么多年来一直陪伴着我，在我焦躁、踌躇的时候总是给我安慰，也一直忍受着我那暴躁的脾气。如果没有她，很难想象我的生活会怎样。我真的要谢谢她！女儿的出生给我带来了无尽的欢乐，让我体会到做父亲的快乐和责任，希望她能健康、快乐地长大！

图书在版编目（CIP）数据

富裕之路：水库移民创业支持及其行动：基于温州地区的个案研究/王沛沛著. —北京：社会科学文献出版社，2015.12

ISBN 978 - 7 - 5097 - 8066 - 4

Ⅰ. ①富… Ⅱ. ①王… Ⅲ. ①水库工程 - 移民安置 - 研究 - 温州市 Ⅳ. ①D632.4

中国版本图书馆 CIP 数据核字（2015）第 225692 号

富裕之路：水库移民创业支持及其行动
——基于温州地区的个案研究

著　　者 / 王沛沛

出 版 人 / 谢寿光
项目统筹 / 杨桂凤
责任编辑 / 杨桂凤　张　月

出　　版 / 社会科学文献出版社·社会政法分社（010）59367156
　　　　　　地址：北京市北三环中路甲 29 号院华龙大厦　邮编：100029
　　　　　　网址：www.ssap.com.cn
发　　行 / 市场营销中心（010）59367081　59367090
　　　　　　读者服务中心（010）59367028
印　　装 / 三河市尚艺印装有限公司

规　　格 / 开本：787mm × 1092mm　1/16
　　　　　　印张：13.75　字数：190 千字
版　　次 / 2015 年 12 月第 1 版　2015 年 12 月第 1 次印刷
书　　号 / ISBN 978 - 7 - 5097 - 8066 - 4
定　　价 / 59.00 元